Feryal Kanbay

Obst und Gemüse vom eigenen Balkon

AUGUSTUS

Nutzpflanzen für Balkon und Terrasse 43

Vorwort

Man braucht nicht unbedingt einen großen Garten, um gesunde Frische auf den Tisch zu bringen. Kräuter und Gemüse lassen sich auch in Gefäßen sehr dekorativ arrangieren.

In früheren Zeiten wäre wohl kaum jemand auf die Idee gekommen Tomaten und Gurken oder gar Erdbeeren und Äpfel auf seinem Balkon oder seiner Terrasse zu ziehen. Wenn man sein eigenes Obst und Gemüse anbauen wollte, gab es dafür den Garten. Gehörte auch ein Balkon zur Wohnung, dann ging er meist zum Hinterhof hinaus und wurde zum Wäschetrocknen und als Abstellfläche benutzt. Durch Wohlstand und Komfort hat sich vieles verändert. Heute werden Stadthäuser anders gebaut und Balkone sind zu Visitenkarten geworden. Obwohl die meisten Pflanzenliebhaber ihre Balkone mit bunten Blumen und hübschen Gehölzen schmücken, gibt er immer mehr Menschen, die auch Obst und Gemüse vor dem Wohnzimmer kultivieren. Was den blühenden Gewächsen in Töpfen und Kästen auf Balkon und Terrasse zugute kommt, gilt noch viel mehr für Küchenkräuter, Gemüse und Obst. Die praktischen Materialien wie pflegeleichte Kunststoffbehälter in allen Farben und Formen, Fertigsubstrate und -dünger sowie automatische Bewässerungsanlagen, aber vor allem

immer neue, kleinwüchsige Obst- und Gemüsesorten machen es dem Balkongärtner leicht, seinen Wunsch nach einem kleinen Nutzgarten auch auf kleinem Raum zu verwirklichen. So gedeihen Tomaten und Auberginen, aber auch Melonen und Kiwis problemlos. Auch wenn man dem Anbau von Obst und Gemüse auf dem Balkon den praktischen Nutzen absprechen kann, handelt es sich dabei doch um ein attraktives Hobby. Sie werden sich mit den Erträgen aus Töpfen und Kästen sicherlich nicht den ganzen Frühling, Sommer und Herbst versorgen können. Doch der Genuss frischen, selbst angebauten Ernteguts ist etwas ganz Besonderes, auf das man bald nicht mehr verzichten möchte. Und wenn Sie auf einige wichtige Punkte bei einem Topfgarten mit Nutz-

pflanzen achten, werden Sie ganz erstaunt über das Ergebnis sein. Sie erfahren im Folgenden, auf was man bei der Gestaltung eines mobilen Nutzgartens achten muss. Praktische Tipps zur Auswahl von richtigen Gefäßen, Wissenswertes über verschiedene Substrate und wie man Pflanzen selbst ziehen kann, sollen Ihnen bei der Anlage eines Obst- und Gemüsegartens auf Balkon und Terrasse helfen. Informationen zu Pflanzenpflege, Pflanzenschutz und Erntezeiten begleiten Sie bei der Arbeit. Pflanzbeispiele zeigen, wie man Küchenkräuter, Gemüse und Obst sinnvoll und hübsch arrangiert. Einige Arten, die im Porträt vorgestellt werden, sollen Ihnen bei der Wahl der richtigen Nutzpflanzen behilflich sein. Mit einem Wort, dieses Buch möchte Ihnen Appetit machen!

Ein Nutzgarten auf Balkon und Terrasse

Wenn Sie erst einmal beschlossen haben Ihren Balkon oder Ihre Terrasse zu verschönen, diesen Platz in eine grüne Oase zu verwandeln, gibt es unzählige Möglichkeiten der Gestaltung. So ein zusätzlicher Wohnbereich lässt sich nicht nur mit Geranien & Co. attraktiv gestalten. Was könnte schöner und zugleich praktischer sein, als sich den Aufenthalt auf Balkon und Terrasse mit frisch geernteten Erdbeeren zu versüßen oder sich zarte Basilikumblätter für den Salat zu pflücken? Jeder Balkon, wie klein er auch sein mag, eignet sich für die Anlage eines Nutzgärtchens. Aromatische Kräuter fehlen ohnehin auf keinem Balkon oder Fensterbrett. Warum sollten sie nicht statt Blumen so leckere Nachbarn wie Tomaten oder Erdbeeren bekommen? Terrassen, die direkt am Haus liegen, sind in der Regel größer als ein Stadtbalkon und bieten mehr Platz und Möglichkeiten für Obst- und Gemüseanbau. Hier haben vor allem Obstgehölze in größeren Kübeln und sogar ein Hochbeet reichlich Platz.

Die Entscheidung liegt bei Ihnen, ob die gesamte zur Verfügung stehende Fläche mit getopften Delikatessen dekoriert werden soll, oder ob Sie nur einen Bereich von Balkon oder Terrasse mit Nutzpflanzen gestalten. Diese verwöhnen nicht nur den Gaumen, sondern auch das Auge, denn sie sind attraktive Gewächse, die sich wunderbar mit anderen Balkon- und Kübelpflanzen kombinieren lassen, aber auch für sich allein sehr dekorativ aussehen.

Will man gute Ergebnisse erzielen, dann müssen einige Dinge berücksichtigt werden. Der Standort ist sehr wichtig, denn nicht in jeder Lage kann man Obst und Gemüse kultivieren. Etwas Zeit für die Pflege und Geduld sollte man auch mitbringen. Außerdem ist eine durchdachte Planung für eine Neu- oder Umgestaltung die Voraussetzung für den gewünschten Erfolg. Der Winter ist die geeignete Jahreszeit dafür. Wenn es draußen kalt und ungemüt-

Ein sonniger Balkon ist der ideale Standort für Wärme liebende Kräuter und lässt sich nach mediterraner Art gestalten.

Da Balkon und Terrasse meist nur begrenzt Platz bieten, kann man mit Kletterpflanzen eine optimale Raumnutzung erreichen. Hier wächst eine üppige Kiwipflanze an der Hausfassade empor.

lich ist, beschäftigt man sich gerne mit schönen Gartenbüchern und Samenkatalogen. Und es ist genügend Zeit, alles in Ruhe vorzubereiten, bevor der Frühling vor der Tür steht.

Die Lage

Der Standort ist ein unveränderlicher Faktor und nicht jeder Balkon und jede Terrasse eignet sich für die Kultur von Nutzpflanzen. Alle Lagen, die nicht gänzlich gegen Norden gerichtet sind, kommen in Frage. Denn wo die Sonne kaum hingelangt, müssen Sie bei Obst, Gemüse und Kräutern mit Misserfolgen rechnen. Zu einer ungünstigen Lage kann unter Umständen auch noch ein verregneter Sommer hinzukommen und die ganze Mühe war umsonst. Mit einjährigen Gewürzkräutern und Gemüsepflanzen können Sie etwas experimentieren, denn bei Schnittsalat und Petersilie sowie Dill, Schnittlauch und Zitronenmelisse könnten Sie sogar auf einem von der Sonne nicht verwöhnten Balkon Glück haben.
Obst hingegen braucht immer eine nach Osten oder Westen bzw. nach Süden oder Südwesten weisende Lage. Gerade Obstbäumchen sind in der Anschaffung recht kostspielig, also erspart man sich die Enttäuschung und große Ausgaben, wenn man sich vor der Anlage Gedanken über den Standort und die Bedürfnisse der Wunschpflanzen macht. Wichtig ist auch, darauf zu achten, dass der Balkon oder die Terrasse nicht durch ein dichtes Blattwerk von Bäumen oder ein weit vorgezogenes Dach künstlich beschattet wird. Die größte Lichtausbeute haben Sie mit Sicherheit auf einem Südbalkon, was jedoch nicht ganz problemlos ist, wenn die Sonne besonders im Hochsommer sehr intensiv strahlt. An heißen Sommertagen sollten Sie Ihren Nutzpflanzen etwas Schatten bieten und darauf achten, dass sie genug Wasser bekommen. Dann fühlen sich besonders Ihre Obstbäumchen hier am wohlsten.

Optimale Raumnutzung

Auf Balkon und Terrasse steht in der Regel ein begrenzter Raum zur Verfügung, den man bei der Anlage eines Nutzgartens optimal nützen sollte. Wichtig ist, dass alle Bereiche gut zugänglich sind. Alle Pflanzgefäße müssen beim Wässern und bei der Pflege leicht erreichbar sein. Man sollte darauf achten, dass Fenster, die auf Balkon oder Terrasse gehen, nicht von Obst und Gemüse zugewuchert werden und dem Wohnbereich das Licht wegnehmen. Eine gute Gestaltungsmöglichkeit bieten Hochbeete, die man vor allem auf einer weitläufigen Terrasse unterbringen kann. Man muss sich bei der Arbeit nicht bücken und sie lassen sich dauerhaft mit kleinen Bäumen und mehrjährigen Pflanzen bestücken; zudem können sie den Mittelpunkt eines Topfgartens bilden. Eine weitere Möglichkeit der geschickten Raumnutzung stellt die vertikale Dimension dar. Kräuter- und Gemüsetöpfe lassen sich zum Beispiel auf Stufengestellen sehr hübsch dekorieren und man spart dabei Platz. Solche Gestelle können aus Eisen oder Holz sein und einen zusätzlichen Blickfang bieten. Kletternde Pflanzen wie Weinrebe oder Kiwi lassen sich an Wandspalieren oder Pergolen hochziehen und bieten nicht nur ihre köstlichen Früchte, sondern können auch einen Sichtschutz bilden. Eine mit dekorativen Kräutern bepflanzte Hängeampel, die man sicher an der Balkondecke anbringt, ist nicht nur platz-

sparend, sondern auch ein Blickfang. Werden die bepflanzten Gefäße auf unterschiedlichen Ebenen angeordnet, entsteht ein aufgelockerter und dynamischer Gesamteindruck.

Ziele und Vorstellungen

Wenn Sie sich einen kleinen Nutzgarten auf dem Balkon oder auf der Terrasse anlegen wollen, sollten Sie schon eine genaue Vorstellung haben, was Sie sich wünschen. Auch wenn man auf begrenztem Raum nicht sehr reichlich zu ernten vermag, kann man sich schon für mehrere Monate im Jahr mit frischem Salat versorgen. Manche Balkongärtner haben beispielsweise mit ihren Zucchinikulturen so viel Erfolg, dass sie sogar Freunde und Verwandte

damit beglücken. Wenn man eine besondere Vorliebe für frische Gewürzkräuter hat, legt man sich ein Kräutergärtchen aus mehreren Töpfen an oder bestückt ein großes dekoratives Gefäß mit den aromatischen Gewächsen. Erdbeerpflanzen im Blumenkasten oder ein Johannisbeer-Hochstämmchen liefern Fruchtiges zum Naschen. Aber trotz der eigenen Wunschvorstellung sollte ein solcher Nutzgarten nicht nur Gaumenfreuden bieten, sondern es sollte auch ein ausgewogenes Bild entstehen. Pflanzen Sie zum Beispiel Kräuter mit bunten und grünen Blättern zusammen in ein Gefäß, setzen Sie Gewächse mit kontrastierenden Farben nebeneinander oder stellen Sie Ihre Tomaten- und Paprikapflanzen so, dass Sie die heranreifenden Früchte von Ihrem Lieblingsstuhl aus sehen können. Bei der Anordnung der Töpfe sollte immer ein gewisser Spannungseffekt erreicht werden, denn auch ein kleiner Nutzgarten darf nicht alle seine Geheimnisse auf einmal preisgeben. Beachten Sie aber bei der Gestaltung, dass die Töpfe und Blumenkästen nicht zu dicht beieinander stehen, damit sie sich nicht gegenseitig im Wachstum behindern.

Hochwüchsige Nutzpflanzen wie Strauchtomaten, die in Kübeln gezogen werden, verschönen nicht nur den Balkon, sondern können auch guten Sichtschutz bieten.

Praxis im kleinen Küchengarten

Wenn man Nutzpflanzen auf Balkon und Terrasse ziehen will, geht man im Wesentlichen nicht anders vor als bei Freilandkulturen. Die Gewächse in Kübeln, Töpfen und Balkonkästen haben jedoch einen begrenzten Platz zur Verfügung, was besondere Überlegungen und Pflegemaßnahmen erforderlich macht.

Die Auswahl der Pflanzgefäße

Für die Kultur von Obst, Gemüse und Kräutern kann man auf fast alle Gefäßformen und -materialien zurückgreifen, vorausgesetzt man entscheidet sich nicht für tiefwurzelnde Gemüse wie Rettich, Schwarzwurzeln oder Pastinaken, denn diese eignen sich nicht für die Topfkultur. Bei der Wahl der Gefäße sollte man unbedingt darauf achten, dass den Wurzeln der Nutzpflanzen genügend Spielraum zur Verfügung steht. Ein weiterer wichtiger Punkt, der vor allem bei Balkonkulturen beachtet werden muss, ist die Größe des jeweiligen Ge-

fäßes. Hier spielt die Gewichtsbelastung eine wichtige Rolle, denn ein bepflanzter 10-Liter-Kübel mit feuchter Erde wiegt 10 kg. Außerdem fehlt auf einem normalen Stadtbalkon der Platz für großvolumige Pflanzgefäße. Sind diese entscheidenden Aspekte geklärt, gibt es unzählige Möglichkeiten bei der Auswahl der richtigen Gefäße.

Auch bei Nutzpflanzen spielen ästhetische Gesichtspunkte eine Rolle. Nicht nur mit Zierpflanzen bestückte Töpfe und Kübel sorgen für eine stimmungsvolle Atmosphäre auf Balkon und Terrasse, auch ein Gemüseoder Kräutergefäß sollte sich harmonisch in die Umgebung einfügen. Natürlich dürfen die persönlichen Vorlieben dabei nicht zu kurz kommen.

Das Material der Pflanzgefäße ist ein wichtiger Punkt, denn Behälter, die im Freien überwintern, müssen unbedingt frostbeständig sein. Sind sie stark Sonne oder Regen ausgesetzt, ist auf gute Witterungsbeständigkeit der Töpfe zu achten. Im Prinzip eignet sich jedes Material zur Kultur von

Kunststoffgefäße sehen zwar nicht besonders dekorativ aus, sind aber wetterbeständig, pflegeleicht und haben nur ein geringes Gewicht.

Nutzpflanzen. Am häufigsten werden Gefäße aus Kunststoff oder Ton verwendet. Beide Materialien unterscheiden sich in ihren Eigenschaften grundlegend voneinander.

Kunststoffgefäße

Obwohl Kunststoff zu lebendigen Pflanzen weniger gut passt als Behälter aus Naturstoffen wie Ton und Holz, haben Gefäße aus synthetischem Material viele praktische Vorteile. Kunststoff ist vor allem wegen seines geringen Gewichts und des günstigen Preises beliebt. Außerdem zeichnen sich diese Gefäße besonders durch ihr gleichmäßiges Innenklima aus. Die Wände sind luft- und wasserdicht, so dass durch sie hindurch kein Wasser verdunsten kann und der Gießwasserverbrauch folglich geringer ist als bei Tongefäßen. Sehr praktisch sind Balkonkästen, die mittels eines doppelten Bodens ein Wasserreservoir enthalten. Das Wasser gelangt über Saugdochte oder eine Saugmatte durch Löcher in der oberen Bodenplatte in den mit Substrat gefüllten Bereich des Kastens. Eine Wasseranzeige erleichtert die Kontrolle, wann man Wasser auffüllen muss.

Klassische Terrakottatöpfe sind in der Regel sehr teuer, aber die Anschaffung lohnt sich, denn sie harmonieren mit allen Pflanzen wunderbar.

Die Palette an Farben und Formen, die früher auf wenige beschränkt war, hat sich inzwischen gewaltig erweitert. Heute erhält man im Fachhandel Kunststoffgefäße, die man auf den ersten Blick kaum von echten Ton- bzw. Terrakottatöpfen oder Holzgefäßen unterscheiden kann. Sie werden in sehr stabiler, schlagfester Qualität angeboten, sind witterungsbeständig und in der Regel auch frostfest. Bei Töpfen und Balkonkästen, die für vollsonnige Südlagen vorgesehen sind, sollte man auf UV-Beständigkeit des Kunststoffs achten. Auch eignen sich für solche Standorte Gefäße in hellen Farben besser, die sich nicht so schnell aufheizen. In dunklen Töpfen kann es schnell zu sehr hohen Temperaturen kommen, so dass die Wurzeln unter Hitzestau leiden oder sogar Absterben können.

Tongefäße

Eine attraktive Alternative bieten Tongefäße. Ton ist ein poröses Material und dementsprechend luftdurchlässig. Durch die feinen Poren kann außerdem Wasser nach außen entweichen, weshalb das Substrat in Tongefäßen schneller austrocknet. Der Vorteil ist, dass Staunässe kaum auftritt und die Wurzeln gut atmen können. Allerdings müssen Pflanzen in Tontöpfen häufiger gegossen werden. Ein weiterer Nachteil von Ton ist, dass er leicht brechen kann und ein hohes Gewicht hat, das sich

9

Die in Blau- und Grüntönen glasierten Tontöpfe stammen aus Asien und bringen zusätzliche Farbe in den mobilen Nutzgarten.

besonders mit zunehmender Gefäßgröße deutlich bemerkbar macht. Transport oder Umtopfen gestalten sich dann oft als schwierig. Andererseits können die Tonbehälter durch ihr Gewicht auch nicht so leicht umkippen wie Kunststoffgefäße. Bei Tonware, vor allem bei Terrakotta, ist der Preis ein wichtiger Faktor, der je nach Qualität sehr hoch sein kann. Terrakottagefäße – die Klassiker unter den Pflanzbehältern – sind überwiegend handgefertigte Stücke, die besonders kunstvoll dekoriert und dementsprechend teuer sind. Allerdings werden diese Unikate aus hochwertigen Grundstoffen hergestellt und so hart ge-

brannt, dass sie im Gegensatz zur gepressten Tonware oder zu einfachen Terrakottakübeln völlig oder weitgehend frostbeständig sind. Eine Abwandlung der einfachen Tontöpfe stellen in leuchtenden Farben glasierte Terrakotta- bzw. Keramikgefäße dar. Die dekorativsten unter ihnen stammen aus Ostasien und sind meist in Blau, Grün oder Tiefbraun gehalten. Auch sie sind in der Regel frostbeständig, aber an den Wänden wasserundurchlässig. Sie halten die Feuchtigkeit länger als unglasierte Tonware und sollten für Pflanzen, die auf Staunässe empfindlich reagieren, besser nicht verwendet werden. Die glasierten

Tongefäße verfügen nicht immer von vornherein über Wasserabzugslöcher, also beim Kauf unbedingt darauf achten!

Holzgefäße

Auch Holzgefäße sind natürlich und schön, sehr standfest und frostbeständig, meist aber ziemlich teuer. Von Material und Stil her passen sie zu Pflanzen jeglicher Art. Besonders buntes Gemüse und Kräuter in frischem Grün sehen darin sehr appetitlich aus. Damit Holzbehälter auch von unten belüftet werden und nicht zu verrotten beginnen, stellt man sie, sofern sie keine Füße haben, auf Holzlatten,

Ziegelsteine oder etwas Ähnliches, niemals direkt auf den Boden. Holzgefäße bedeuten jedoch immer einen zusätzlichen Aufwand an Pflege. Um sie vor Fäulnis zu schützen, sollten sie einmal im Jahr mit einem umweltfreundlichen, biologischen Holzschutzmittel, das für Pflanzen verträglich ist, behandelt werden. Die Anfälligkeit für Fäulnis hängt von der Holzart ab, Eiche ist unter den heimischen Hölzern am langlebigsten. Um einen Schutzanstrich zumindest auf der Innenseite zu ersparen, kann man die Gefäße mit Kunststofffolie auskleiden.

Gefäße aus Naturstein

Dekorativ, aber teuer sind auch Gefäße aus Naturstein. Ihr Preis hängt vom Ausgangsmaterial und von der Verarbeitung und der Dekoration ab. Auch hier kann man zwischen einer Vielzahl von Formen mit unterschiedlichsten Verzierungen wählen – von einfachen flachen Schalen und Trögen bis zu aufwendigen Urnen. Während Tröge mit großem Volumen und ausreichender Tiefe für die meisten Obst- und Gemüsearten verwendet werden können, eignen sich die flachen Schalen und

Urnen eher für Gewürzkräuter und sehr flach wurzelnde Nutzpflanzen. Gefäße aus Naturstein werden erst dann richtig schön, wenn sie im Laufe der Zeit von einer Patina aus Moosen und Flechten überzogen sind. Ähnliche Gefäße sind auch aus Kunststein oder Beton erhältlich. Diese Behältnisse haben meistens schlichtere Formen, sind aber deutlich preisgünstiger als solche aus Naturstein. Aus diesen Materialien werden auch besonders stabile und große Blumenkästen angeboten. Sehr nostalgisch wirken Metallgefäße, die im Handel erhältlich sind. Sie sollten aber ausschließlich verwendet werden, wenn sie innen beschichtet, emailliert, verchromt oder aus Edelstahl sind oder wenn sie mit Kunststofffolie ausgekleidet werden. Sonst können Säuren, die von den Wurzeln ausgeschieden oder durch Düngemittel gebildet werden, Schadstoffe aus dem Metall freisetzen.

Im Trend: Hängekörbe

Eine schöne und platzsparende Variante bieten Hängekörbe. Sie sind meist aus stabilem Draht gefertigt und in verschiedenen Größen und Verzierungen erhältlich.

Diese typisch englischen Pflanzgefäße erfreuen sich auch bei uns immer größerer Beliebtheit, da sie sich sehr dekorativ bestücken lassen. Sie werden vor dem Bepflanzen mit Moos und eventuell auch mit Kunstofffolie ausgekleidet, damit das Gießwasser nicht heruntertropft. Bei Nutzgewächsen sind die Möglichkeiten zwar recht begrenzt, aber besonders Kräuter lassen sich

Hängekörbe aus Draht sind einfach zu bepflanzen; mit Gemüse und duftenden Kräutern bestückt sehen sie nicht nur bezaubernd aus, sondern finden auf dem kleinsten Balkon Platz.

darin sehr hübsch arrangieren. Sehr appetitlich sehen auch Hängetomaten, die eigens dafür gezüchtet werden, und Erdbeerpflanzen aus. Auch geflochtene Körbe können als Hängeampeln verwendet werden, aber sie verrotten relativ schnell.

Egal für welches Material Sie sich entscheiden, Hängekörbe müssen an der Decke sehr stabil befestigt werden, damit die ganze Pracht keinen Unfall verursacht.

Bedenken Sie, dass diese Art von Gefäßen mit Substrat

und Pflanzen ein ganz schönes Gewicht haben können. Die Ampeln sollten leicht zugänglich angebracht werden, damit der Gießvorgang keine Schwierigkeiten bereitet. Ein langes Endstück für den Schlauch ist dabei sehr praktisch.

Ein Hochbeet bauen:

ⓐ *Markieren Sie den Standort mit einer Schnur und heben Sie einen Graben von jeweils 30 cm Breite und Tiefe für ein Betonfundament aus.*

ⓑ *Lassen Sie den Beton nach dem Gießen über Nacht trocknen und fangen Sie mit dem Bau der Innenmauer aus Klinker an. Jeder Klinker wird auf eine 1,2 cm dicke Mörtelschicht gelegt und an einem Ende mit Mörtel befestigt. Arbeiten Sie mit einer Wasserwaage, damit das Ganze gerade ist.*

ⓒ *Beginnen Sie mit dem Bau der vier Seitenwände jeweils an den Ecken, indem Sie dort vier Ziegelsteine übereinander mauern. Span-*

nen Sie von einer Ecke zur anderen eine Richtschnur und bauen Sie die Wände fertig (eine Höhe von 80 cm). Sie sollten gelegentlich ein Mauerband aus Metall einfügen.

ⓓ *Den Abschluss bilden Ziegel, die quer auf die äußere und innere Mauer gelegt werden. Schichten Sie unten eine etwa 20 cm hohe Lage Zweige, Äste, Holzhäcksel und Laub. Darauf kommt ebenfalls 30 cm hoch grober Kompost oder Gartenerde. Den Abschluss bilden reifer Kompost (etwa 20 cm) und Blumenerde (10 cm).*

Hochbeete für jeden Zweck

Ein Pflanzgefäß ganz besonderer Art ist das Hochbeet. Auf einem normalen Stadtbalkon wird wahrscheinlich kein Platz dafür vorhanden sein, zumal es ein beachtliches Gewicht hat, aber eine Terrasse bietet oft genügend Raum für ein solches Behältnis. Ein Hochbeet ist der größte, langlebigste und vielseitigste Pflanzbehälter, in dem auch größere Sträucher und Bäumchen Platz finden. Eine durchdachte Bepflanzung erlaubt vom Frühling bis in den Spätherbst den Genuss von frischem Gemüse und Salat. Hochbeete sind in verschiedenen Größen und Ausführungen im Fachhandel erhältlich, lassen sich aber auch ohne Probleme selbst bauen. Als Material eignen sich Holz, Ziegel, Natursteine oder Betonblöcke, die dann verputzt und gestrichen werden. Welches Material Sie auch verwenden, es sollte sich in die Umgebung einfügen.

Mit etwas Fantasie lassen sich sogar Behälter, die ursprünglich nicht für Blumen & Co. vorgesehen waren, zu ausgefallenen Pflanzgefäßen verwandeln. Die Möglichkeiten reichen dabei von hal-

Für einen mobilen Topfgarten brauchen Sie nur einige wenige Kleingeräte. Bei guter Qualität und regelmäßiger Pflege halten sie ein Leben lang.

bierten Fässern über Haushaltswaren wie ausrangierte Eimer, Schüsseln und dekorative Blechdosen bis hin zu geflochtenen Weidenkörben, in denen man einzelne Töpfe versteckt oder die man mit Folie auskleidet und direkt bepflanzt. Erdbeeren und Kräuterarrangements sehen darin zum Anbeißen aus. Solche Pflanzgefäße verursachen keine hohen Anschaffungskosten und lassen den Balkongärtner kreativ tätig werden. Voraussetzung ist auch bei dieser Art von Behältern, dass sie den Wurzeln der Pflanzen genügend Raum zum Wachsen lassen sowie eine gute Drainage.

Grundausstattung und Vorbereitungsarbeiten

Die Grundausstattung für den Topfgarten ist begrenzt, denn Sie brauchen weder Rasenmäher noch Grabgabel oder Rechen. Aber achten Sie beim Kauf des Wenigen unbedingt auf Qualität und pflegen Sie die Geräte gut. Das Gartenwerkzeug sollte regelmäßig gesäubert und im Winter trocken und frostfrei gelagert werden. Für einen erfolgreichen Nutzgarten in Töpfen benötigen Sie Handgabel und Handspaten zum Pflanzen und Jäten. Sehr zweckmäßig ist ein schmaler Handspaten, mit dem man kleinere und tiefere Löcher graben kann, ohne die anderen Gewächse im Behälter zu beschädigen. Beim Lockern des Substrats und im Sommer beim Jäten von Unkraut, das auch vor Balkon und Terrasse nicht Halt macht, leistet die Handgabel gute Dienste. Achten Sie darauf, dass diese Kleingeräte aus rostfreiem Stahl gefertigt sind. Ein Pflanzholz ist ganz nützlich, wenn man Löcher für kleine Gewächse braucht. Mit einer Miniharke wird in erster Linie die Oberfläche der Erde geglättet sowie welkes Laub und Unkraut entfernt. Man kann sie auch beim Ziehen von Saatrillen in der Anzuchtschale einsetzen. Eine gewöhnliche Gartenschere braucht man vor allem für Schnitt und Erziehung von Obstbäumchen, aber auch zum Schneiden von Gemüse und Kräutern. Ein Gartenmesser dient zum Abschneiden des Grüns von Karotten und Radieschen, aber auch zum Kürzen von Schnüren und anderem Bindmaterial. Die Hippe, ein kleines und stabiles Messer mit kurzer und sichelförmig gebogener Klinge, wird vor allem bei der Behandlung von Wunden an Obstgehölzen benötigt. Die Gießkanne sollte eine lange Tülle oder eine Verlängerungsmöglichkeit haben, damit auch die Gefäße im Hintergrund noch gut erreicht werden können. Wenn Sie Ihre Nutzpflanzen regelmäßig aus Samen oder Stecklingen ziehen wollen, würde sich die Anschaffung eines Anzuchtkastens sowie von Anzuchtschalen sicherlich lohnen. Diese sind in jedem gut sortierten Gartencenter erhältlich. Beim Einsatz von Multipaletten und Torfquelltöpfchen erübrigt sich das spätere Pikieren.

Damit alles hält

Grundsätzlich kann man niemandem verbieten, sei-

Balkonkästen müssen unbedingt sicher befestigt werden. Sie können mit Winkelhaken und einer Sicherungskette an der Wand (a), auf einem breiten Fenstersims rutschfest durch Unterlegen eines passenden Holzkeils (b) oder mit variabel einstellbaren Halterungen am Balkongeländer (c) angebracht werden.

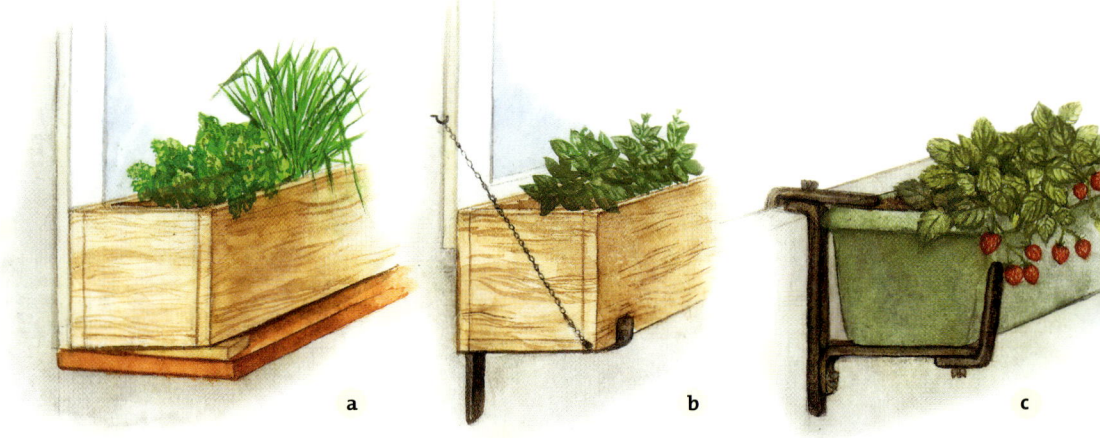

a   b   c

nen Balkon mit Pflanzen zu verschönen, wenn alles sachgemäß angebracht wird, so dass nichts herunterfallen oder vom Wind umgeworfen werden kann. Besonders hochgewachsene Pflanzen können bei Sturm leicht umkippen, was Sie problemlos verhindern können, wenn Sie mehrere Kübel mit so genannten U-Haken verbinden, die in die Gefäße gesteckt werden.

Bepflanzte Balkonkästen können ein ganz schönes Gewicht haben und werden durch Gießwasser oder Regen noch schwerer. Weder das Balkongitter noch die Brüstung dürfen überstrapaziert werden. Wollen Sie nichts riskieren, dann sollten Sie die Kästen auf jeden Fall nach innen hängen. Besonders Obstgehölze benötigen voluminöse Behälter, damit sie auch auf dem Balkon optimal gedeihen können. Bevor Sie mehrere solche „Riesen" kaufen, sollten Sie sich erst einmal erkundigen, welche Last Ihr Balkon überhaupt tragen kann und im Zweifelsfall die Statik überprüfen lassen. Damit das Ganze nicht zu gefährlich wird, sollte man sich vielleicht eher für kleinere Nutzpflanzen entscheiden.

Das richtige Substrat

Der Fachhandel bietet verschiedene Substrate; das sind spezielle Erdmischungen, die vor allem Gärtner für ihre Kulturpflanzen in Töpfen verwenden. Diese Mischungen setzen sich aus Torf, Sand, Ton und Düngemittel zusammen, wobei die Hersteller aus ökologischen Gründen zunehmend auf Torf im Kultursubstrat verzichten. Stattdessen werden Kokosfasern, Rindenmulch und Kompost beigemischt.

Es liegt auf der Hand, dass nicht jedes beliebige Erdgemisch den Anforderungen verschiedener Pflanzen genügen kann. Man sieht es dem Substrat auch nicht an, ob es qualitativ hochwertig ist. Daher wurden so genannte Einheitserden entwickelt, die eine hohe Strukturstabilität sowie eine gute Speicherfähigkeit für Wasser und Nährstoffe besitzen und damit eine verlässliche Quelle des Substrats garantieren.

Einheitserde

Einheitserde ist in verschiedenen Typen im Handel erhältlich:
Nullerde oder Typ O enthält keinen Dünger und eignet sich zur Anzucht von Jungpflanzen.
Aussaaterde oder Typ I ist nur schwach gedüngt, hat einen hohen Sandgehalt und ist sehr locker. Sie wird ebenfalls zur Anzucht von Pflanzen sowie zur Kultur besonders düngerempfindlicher Pflanzen verwendet.
Pikiererde enthält 3 kg Volldünger je Kubikmeter Erde und hat einen etwas höheren Sandgehalt. Man verwendet sie zum Vereinzeln und zur Weiterkultur von Jungpflanzen, aber auch für Gewächse mit geringem Nährstoffbedarf.
Pflanzerde oder Typ II, auch als Topferde bezeichnet, enthält 6 kg Volldünger je Kubikmeter Erde und eignet sich zum Einsetzen von Pflanzen, die einen durchschnittlichen Nährstoffbedarf haben. Sie muss erst einige Wochen nach der Pflanzung nachgedüngt werden.

Substrat mit Depotdünger

Substrate mit Depotdünger, auch Einheitserde D genannt, sind dauerhaft gedüngt. Diese Dünger geben die zugesetzten Nährstoffe nur langsam frei, so dass die Pflanzen auf dem Balkon für lange Zeit versorgt sind. Hier ist jedoch Vorsicht geboten, denn die Nährstoffe werden nicht gleichmäßig abgegeben; die Freisetzung hängt von der Temperatur und Feuchtigkeit des Substrats ab. Besonders Gemüse in Gefäßen braucht gutes, nährstoffreiches Substrat. Es sollte Feuchtigkeit speichern, aber auch gut durchlässig sein sowie luftig und locker bleiben. Spezielle Gemüsesubstrate für den Nutzgarten auf Balkon und Terrasse sind in vielen Gärtnereien und Gartencentern erhältlich. Beachten Sie, dass bei Gemüse und Kräutern das Substrat jedes Jahr erneuert werden muss, wenn Sie Erfolg haben wollen.

Kultursäcke

Kultur- oder Torfsäcke sind die einfachsten Pflanzbehälter. Sie wurden früher hauptsächlich für Tomaten verwendet, eignen sich aber auch für die Kultur anderer Gemüsepflanzen. Sie bieten eine gute Möglichkeit für Anfänger, die mit Nutzpflanzen in Töpfen wenig Erfahrung haben oder wenn man nur gelegentlich einige Gemüsearten selbst ziehen möchte. Die Säcke enthalten Substrat auf Torfbasis, dem Nährstoffe zugegeben wurden. Anfangs reicht die

Nährstoffzufuhr aus, später jedoch muss regelmäßig nachgedüngt werden. Neben Tomaten, die an der Hauswand hervorragend gedeihen, wachsen Salat, Erbsen, Bohnen, Spinat und Mangold ebenfalls gut auf Kultursäcken.

In den Boden der Säcke sticht man nach Herstelleranweisung einige Löcher, schneidet Quadrate an der Oberseite aus und setzt die Pflanzen ein. In einem Kultursack haben in der Regel drei Tomaten- oder drei Paprikapflanzen Platz. Salat, Spinat und Bohnen können

dichter gepflanzt werden. Diese einfache Kulturmöglichkeit hat aber einige Nachteile. Die Torfsäcke eignen sich nicht für Obstgehölze und mehrjährige Pflanzen. Im Sommer bedeuten sie einen höheren Aufwand, da sie jeden Tag gründlich gegossen werden müssen. Außerdem bieten sie wirklich keinen schönen Anblick. Wenn man passende Tröge oder Blumenkästen hat, sollte man die Säcke darin unterbringen, um sie zu kaschieren. Auf der Terrasse können einige Bodenplatten herausge-

Kultursäcke mit Substrat bieten zwar keinen schönen Anblick, sind aber sehr praktisch, wenn man nur wenig Platz hat oder erst gärtnerische Erfahrungen sammeln möchte.

nommen werden, so dass eine ausreichende Vertiefung entsteht, in die ein Kultursack hineinpasst. Die Pflanzung ist dann auf Bodenhöhe und die Gewächse decken den unattraktiven Sack bald zu.

Pflanzenkauf

Sie können Pflanzen selbst aus Samen ziehen oder im Fachhandel vorgezogene Setzlinge kaufen. Gärtnereien, Gartencenter haben ein großes Sortiment an Gewürzkräutern, Gemüsepflanzen und Obstgehölzen. Jungpflanzen können auch über den Versandhandel per Katalog bestellt werden. Eine Spezialverpackung garantiert, dass das Pflanzgut in optimalem Zustand ankommt. Sollte dies nicht der Fall sein, übernimmt der Händler in der Regel die Garantie und Sie können die beschädigte Ware kostenlos zurückschicken. Inzwischen bieten auch große Supermärkte eine recht große Auswahl an Nutzpflanzen an, darunter vor allem zahlreiche Kräuter, Gemüsepflanzen wie Tomaten, Paprika und Zucchini und sogar gelegentlich Obstarten wie Erdbeeren und Himbeeren. Den größten Erfolg erzielen Sie, wenn Sie in einer Spezi-

algärtnerei ausgewählte Jungpflanzen kaufen und sich dabei vom Gärtner beraten lassen, welche widerstandsfähigen Züchtungen sich für die Kultur in Gefäßen eignen. Bei Kräutern gibt es damit keine Probleme, da sich diese fast ausnahmslos in Behältern ziehen lassen. Bei Gemüse kann der Fachmann geeignete kleinwüchsige oder extra für Gefäßkultur gezüchtete Sorten empfehlen. Und gerade bei Obstgehölzen sollte man besonders darauf achten, dass die von Ihnen ausgewählten Pflanzen in einem Topfgarten gedeihen können. Die Gärtnereien haben in der Regel ausgezeichnetes Pflanzgut, daher werden Sie später kaum Probleme bekommen, wenn Sie bei der Pflege alles richtig machen. Wollen Sie die Jungpflanzen im Gartencenter oder im Supermarkt selbst kaufen, sollten Sie auf ein paar Dinge achten, damit Sie hinterher nicht enttäuscht sind. Prüfen Sie die Blätter auf Schädlingsbefall und darauf, dass sie nicht welk aussehen. Die Pflänzchen sollten unbedingt kräftig, aber nicht zu groß sein, denn kleinere Setzlinge wachsen besser als große. Außerdem sollten sie einen guten Wurzelballen besitzen.

Beerensträucher und Obstgehölze

Beim Kauf von Beerenpflanzen ist es wichtig darauf zu achten, dass die Faserwurzeln gut ausgebildet sind. Wählen Sie nur Hochstämmchen mit einer mindestens einjährigen Krone. Da der Pflanzenkauf stets eine Vertrauenssache ist, sollten Sie Ihre kleinen Obstbäumchen nur dort erwerben, wo Sie eine ausführliche Beratung erhalten und die Exemplare jeweils auf einem Etikett genau beschrieben sind. Es gibt verbindliche Richtlinien für sämtliche Obstarten, die sicherstellen, dass Markenbaumschulen nur qualitativ hochwertige Pflanzen anbieten. Das bedeutet nicht, dass Obstgehölze aus anderen Quellen nicht genauso prächtig gedeihen. Allerdings sollte man dort mit mehr Umsicht einkaufen. Gerade Obstpflanzen sind recht teuer und Sie wären bei einem Misserfolg nicht nur enttäuscht, sondern auch darüber verärgert, dass die hohen Ausgaben vergeblich waren.
Gewächse sollten grundsätzlich gleich nach dem Kauf ausgepflanzt werden. Wird sich das Auspflanzen jedoch verzögern, dann gehören die Pflanzen an einen vor starker

Wenn Sie zur Vorkultur Torfquelltöpfe verwenden, können Sie sich später den Pikiervorgang sparen.

Sonne geschützten Ort und müssen ausreichend gewässert werden, damit sie keinen Schaden nehmen.

Die eigene Anzucht

Der erste Schritt zu eigenem Gemüse und zu eigenen Kräutern ist die Aussaat, denn aus oft winzigen Samen entstehen Köstlichkeiten. Die meisten Gemüse und Kräuter sind kurzlebig und werden nur in ein- oder zweijähriger Kultur angebaut. Sie müssen also jedes Jahr neu aus Samen herangezogen werden, manche sogar mehrmals im Jahr, wenn man wiederholt ernten möchte. Beim Obst kommt der Anzucht aus Samen nur geringe Bedeutung zu. Lediglich Monats-

erdbeeren werden häufiger aus Samen gezogen.

Das richtige Saatgut

Wichtig für eine problemlose Anzucht und gutes Gedeihen ist die Qualität des Saatguts. Das Angebot an Gemüse- und Kräutersamen im Handel weist eine breite Palette von traditionellen Arten wie Kopfsalat, Karotten, Petersilie und Schnittlauch bis hin zu exotischen Pflanzen wie Erdbeerspinat auf. Schon beim Kauf der Samen entscheidet sich, ob die Anzucht gelingen wird, denn die Ernte kann nur so gut sein wie das Saatgut. Deshalb sollten Sie die Informationen auf den Samentüten aufmerksam durchlesen, hier finden Sie meist alles Wissenswerte.

Die Qualitätsstandards der Samen sind im Saatgutverkehrsgesetz staatlich geregelt und werden behördlich geprüft. Für den Gartenfreund sind vor allem die Keimfähigkeit und die Sorte von Bedeutung. Viele Samen bleiben nur zwei bis vier Jahre keimfähig, manche sogar nur ein Jahr, daher sollte man das aufgedruckte Verfallsdatum nicht überschreiten, wenn man Erfolg haben will. Das Saatgut bleibt in Keimschutzpackungen, die es vor Licht und Feuchtigkeit schützen, über längere Zeit haltbar. Außerdem wird dadurch eine hohe Keimfähigkeit gewährleistet. Diese Verpackungen sollten erst kurz vor dem Aussäen geöffnet werden.

Die meisten Nutzpflanzen werden in vielen verschiedenen Sorten angeboten. Bei der Auswahl geht es um Sorteneigenschaften wie Kulturdauer, Form, Farbe und Größe der Früchte, aber auch

Lichtkeimer (Auswahl)
Basilikum, Bohnenkraut, Endivie, Estragon, Karotte, Kopfsalat, Majoran, Paprika, Thymian

Dunkelkeimer (Auswahl)
Borretsch, Sauerampfer

um Pflanzenhöhe, Geschmack, Ertrag und Widerstandsfähigkeit gegen Krankheiten. Gerade beim Anbau von Gemüse und Kräutern auf Balkon und Terrasse muss man auf die Wuchsform der Sorten achten. Inzwischen sind viele Gemüsearten in einer kompakteren Wuchsform erhältlich.

Auf die Qualität kommt es an

Samen bekommt man im Fachhandel in verschiedenen Formen. Neben dem **Normalsaatgut**, das naturbelassen und nicht eigens aufbereitet ist, gibt es **kalibriertes Saatgut**, das ausschließlich Samen ab einer bestimmten Größe enthält, die schneller und gleichmäßiger keimen. Es ist teurer als die normalen Samen und oft auf den Samentüten gekennzeichnet. **Pilliertes Saatgut** enthält feine Samen, die künstlich vergrößert wurden. Sie sind von einer besonderen Masse aus Lehm, Ton, Steinmehl und Papiermehl umhüllt, die sich später im Substrat auflöst. Die dadurch relativ großen Samen können in richtigem Abstand ausgesät und müssen hinterher nicht pikiert werden. Solche Pillensamen sind zum Beispiel bei

Salat, Karotten, Radieschen und Petersilie zu empfehlen. **Saatbänder** erleichtern die Aussaat ebenfalls. Die einzelnen Samen einer oder auch mehrerer Gemüse- oder Kräuterarten liegen zwischen zwei Lagen Spezialpapier in richtigem Abstand. Die Bänder werden in passender Größe zurecht geschnitten und in die Saatrillen gelegt. Das Papier löst sich mit der Zeit völlig auf. **Quicksticks** sind Pappstäbchen, die jeweils mit einem Samen versehen sind. Sie werden einfach in die Erde gesteckt und lassen sich leicht in die richtigem Abstand bringen.

Die Samen der meisten Pflanzenarten keimen sowohl bei Licht als auch bei Dunkelheit. Manche Gewächse entwickeln sich jedoch nur, wenn ihre Samen ausreichend Licht bekommen und werden deshalb als Lichtkeimer bezeichnet. Andere wiederum, so genannte Dunkelkeimer, wachsen nur, wenn sie dunkel platziert werden.

Materialien zur Vorkultur

Bevor man mit der Anzucht beginnt, sollte man zuerst die nötige Ausrüstung bereit stellen. Bei dem großen An-

gebot an Anzuchthilfen kann jeder die für ihn geeigneten Materialien aussuchen. Zunächst benötigen Sie passende Gefäße. Für die Aussaat eignen sich flache Schalen, aber auch Einzeltöpfe, die aus Kunststoff oder Styropor erhältlich sind. Wollen Sie nur wenige Pflanzen selbst ziehen, können Sie sich sogar mit kleinen Blumentöpfen oder leeren Joghurt- oder Quarkbechern sowie mit Eierkartons behelfen. Sie sollten nur darauf achten, dass die Aussaatgefäße nicht zu hoch sind, weil sonst die Wurzeln der Sämlinge sehr lang werden und sich dadurch das Verpflanzen erschwert. In den Boden müssen Löcher gebohrt sein, damit das überschüssige Gießwasser abfließen kann und keine Staunässe entsteht.

Sehr praktisch sind die Multitopfplatten aus Kunststoff, bei denen mehrere kleine Töpfchen eine zusammenhängende Platte bilden. Sie sind in verschiedenen Formen und Größen in jedem gut sortierten Gartencenter erhältlich. Die Töpfe mit einem Durchmesser von 4–6 cm eignen sich hervorragend für die Vorkultur der meisten Gemüsepflanzen. Die Platten haben den Vorteil, dass sich viele Pflanzen auf kleinem Raum unterbringen lassen. Außerdem stehen die Sämlinge allein, verwachsen nicht miteinander und lassen sich später leicht herauslösen.

Vorteile bei der Anzucht bieten auch so genannte Torfquelltöpfe, in denen Gefäß und Substrat kombiniert sind. Übergießt man die stark gepressten flachen Tabletten aus schwach gedüngtem Torf mit lauwarmem Wasser, saugen sie sich voll und quellen in kurzer Zeit zur Topfform auf. Da sie leicht austrocknen, sollten sie dicht nebeneinander gestellt werden.

Für eine erfolgreiche Anzucht braucht man die richtigen Utensilien: Saatschalen, Töpfe aus Presstorf, Kleingewächshäuser, Namensschildchen und natürlich Aussaaterde.

Richtig aussäen

Gemüse und Kräuter, die zeitig im Jahr vorkultiviert werden, können im Zimmer in Kleingewächshäusern gezogen werden. Manche Ausführungen lassen sich sogar elektrisch beheizen. Es gibt auch Keimboxen, die aus einer Saatschale und einer passenden Abdeckung bestehen und den keimenden Pflanzen optimale Wachstumsbedingungen bieten. Ähnliche Bedingungen schaffen Sie auch, wenn Sie eine Saatschale mit einer gelochten Plastikfolie überziehen.

Egal für welche Art von Saatgefäßen Sie sich auch entscheiden, die Behälter müssen vor Gebrauch peinlich sauber sein, denn durch Erdreste oder andere Verschmutzungen können Krankheitserreger auf die neue Saat übertragen werden.

Bei der Aussaat unterscheidet man zwischen Saatgemüse wie Radieschen, Karotten, Schnittsalat und Spinat, die direkt in das endgültige Gefäß gesät erden, und Pflanzgemüse wie Tomaten, Paprika, Zucchini und Salat, die man zunächst in Saatschalen aussät, anschließend vereinzelt und später in den vorgesehenen Behälter pflanzt.

Bei Saatgemüse gehen Sie so vor: Füllen Sie das Gefäß mit Erde, streichen Sie Überschüssiges weg und glätten Sie die Oberfläche. Anschließend kommen in die markierten Stellen in vorgeschriebenen Abständen die Samen und werden leicht ins Substrat gedrückt, vorsichtig angegossen und mit einer dünnen Schicht Erde übersiebt. Lichtkeimer werden nicht abgedeckt.

Bei Pflanzgemüse geht man ähnlich vor. Allerdings verwendet man hier ein Aussaatgefäß nach eigener Wahl, das nach dem Aussäen eine durchsichtige Abdeckung (Frischhaltefolie, Glasscheibe oder spezielle Abdeckhaube) bekommt und an einen warmen Platz gestellt wird. Unter der Abdeckung bleibt die Luft feuchter und wärmer als die Umgebung, da Wasser nicht verdunsten und Wärme nicht so leicht entweichen kann. Werden Saatgefäße nicht abgedeckt, muss die Feuchtigkeit mindestens einmal täglich kontrolliert werden.

Sobald die ersten Keimblättchen erscheinen, müssen die Anzuchtschalen genügend Licht bekommen und belüftet werden. Aber beachten

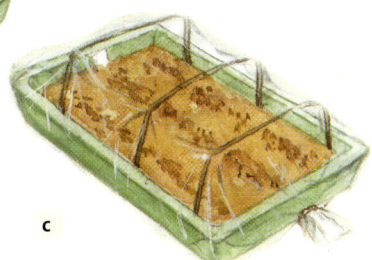

a

b

c

Vermehrung durch Aussaat:

ⓐ *Die Samen werden dünn und gleichmäßig in eine bis zum Rand mit Anzuchterde gefüllte Saatschale ausgestreut.*

ⓑ *Die Saat wird mit einem Brettchen oder dem Handrücken sanft angedrückt und dünn mit Erde übersiebt.*

ⓒ *Nach dem gründlichen Durchfeuchten wird die Schale mit einer Abdeckung versehen, z. B. gelochte Frischhaltefolie, eine Glasscheibe oder eine spezielle Abdeckhaube.*

Sie, dass pralle Sonne die Keimblätter verbrennt, während die Keimlinge bei zu schwacher Belichtung bleich bleiben; sie bilden kein Blattgrün und versuchen durch stärkeres Wachstum näher an die Lichtquelle zu kommen – sie vergeilen. Solche Pflänzchen schwächeln und werden leichter von Schädlingen befallen.

Die Belüftung ist notwendig, um die Sämlinge abzuhärten. Sie erfolgt behutsam und wird allmählich gesteigert, bis schließlich die Abdeckung ganz abgenommen werden kann.

Pikieren

Bald bedrängen sich die Sämlinge in dem Anzuchtgefäß gegenseitig und konkurrieren um Licht, Wasser und Nährstoffe. Damit sich die einzelnen Pflanzen kräftig entwickeln können, müssen sie pikiert, d.h. vereinzelt werden. Sobald die Sämlinge die ersten richtigen Blätter ausgebildet haben und man sie gut anfassen kann, wird mit dem Pikieren begonnen. Dabei sondert man schwächliche und kranke Pflanzen gleich aus. Die Sämlinge werden mit einem Pikierstab – im Fachhandel erhältlich – oder einem Bleistift gelockert und vorsichtig herausgenommen. Lange Wurzelspitzen kürzt man etwas ein; damit wird eine bessere Verzweigung der Wurzeln angeregt. Sie werden in einzelne, mit schwach gedüngtem Substrat gefüllte Töpfe gesetzt, angegossen und zurück an den bisherigen Platz gestellt. Auch hier hilft anfangs eine Folienabdeckung, Wärme und Feuchtigkeit länger zu halten.

Mit dem Wachstum steigt auch der Nährstoff- und Wasserbedarf der Pflanzen. Wenn die Pflanzen kräftiger und größer geworden sind, bekommen sie alle zwei Wochen eine schwache Düngung. Je nach Gemüseart kann es mehrere Wochen dauern – z. B. drei bis vier Wochen bei Salat, sechs bis acht Wochen bei Tomaten und Paprika – bis man die Jungpflanzen in die endgültigen Gefäße setzen kann.

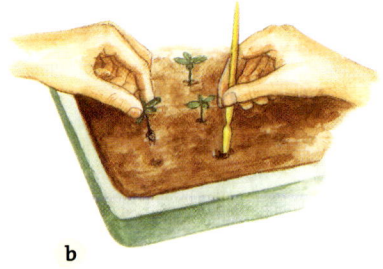

Pikieren:

(a) *Mit einem Pikierstab oder Bleistift werden die Sämlinge vorsichtig gelockert und aus der Erde gehoben.*

(b) *Mit dem Pikierstab bohrt man ein Loch in das Substrat eines neuen Gefäßes und setzt die kleine Pflanze so hinein, das die*

(c) *Keimblätter etwa 1 cm über der Oberfläche stehen.*
Dann wird der Sämling mit den Fingerspitzen leicht angedrückt, damit das Pflänzchen festen Halt bekommt.

Auspflanzen von Setzlingen

Wenn Sie die Jungpflanzen nicht selbst vorkultivieren können oder wollen, können Sie sich die Setzlinge auch in Gärtnereien, Gartencentern und auf Wochenmärkten aus einem reichen Angebot aussuchen. Gesunde Pflanzen erkennen Sie an einem gedrungenen Wuchs, an sattgrünen Blättern und einem gut entwickelten Wurzelballen. Setzlinge von Nutzpflanzen werden meist getopft angeboten, die man an einem geschützten, hellen Ort einige Tage stehen lassen kann, bevor man sie auspflanzt, wenn sie ausreichend gegossen werden. Ungetopfte Setzlinge sollten am

besten sofort gepflanzt werden, sonst nehmen sie nach einigen Stunden Schaden. Füllen Sie vor dem Auspflanzen das endgültige Gefäß mit Substrat und drücken Sie die Erde leicht an, damit sie sich später nicht absetzt. Lassen Sie einen Gießrand von 1–2 cm. Heben Sie mit einer schmalen Handschaufel Löcher aus, in die sie die Jungpflanzen samt Ballen hineinsetzen. Die Pflanzen werden dann mit beiden Händen festgedrückt, damit sie nicht umfallen. Befinden sich die Setzlinge in Torfquelltöpfen, werden diese mit ins Substrat gesenkt. Anschließend wird angegossen. Durch dieses Einschlämmen bekommen die Wurzeln überall Erdkontakt und können

rasch weiterwachsen. Vermeiden Sie deshalb ein oberflächliches Befeuchten, bei dem das Wasser nicht einsickert und verdunstet, bevor es aufgenommen werden kann.
Beim Auspflanzen sollte man ebenfalls einige Dinge beachten. Die Pflanzhöhe ist wichtig. Werden zum Beispiel Salatpflanzen zu tief gesetzt, besteht Fäulnisgefahr, bei Tomaten können Stängelgrundkrankheiten auftreten. Da viele Gemüse- und Kräuterpflanzen Frost nicht vertragen, sollten sie vor Mitte Mai nicht ins Freie kommen. Besonders kälteempfindliche Arten wie Auberginen werden auch dann noch in kalten Nächten mit Vlies abgedeckt, damit sie

sich gut entwickeln können. Wenn sie größere Kübel oder Kästen mit mehreren Pflanzen bestücken, spielen die Pflanzabstände auch eine wichtige Rolle. Sie richten sich nach der endgültigen Größe der jeweiligen Pflanze. Sollen Gemüsepflanzen mit Kräutern kombiniert werden, brauchen sie genügend Platz, um sich zu entwickeln. Schnellwüchsige Pflanzen wie Radieschen, Pflücksalate und Spinat können mit zeitlichem Abstand häufiger ausgesät oder gepflanzt werden. Davor sollten Sie jedoch die abgeernteten Gefäße ganz oder teilweise mit neuem Substrat auffüllen.

Vegetative Vermehrung

Man kann Pflanzen nicht nur generativ, d.h. durch Samen vermehren, sondern auch vegetativ, also ungeschlechtlich. Es gibt die Möglichkeiten der Stecklingsvermehrung und der Teilung, die jedoch beim Anbau von Nutzpflanzen auf Balkon und Terrasse kaum eine Bedeutung haben. Gelegentlich kann man zum Beispiel von Rosmarinpflanzen Stecklinge abnehmen, wenn man etwas experimentieren will. Dazu schneiden Sie einige Triebe ohne Blüten ab, entfernen die unteren Blätter und setzen die Triebe in einen Topf mit Anzuchterde. Nach dem Angießen sollte der Topf eine Folienabdeckung bekommen, damit die hohe Feuchtigkeit und die Wärme das Bewurzeln der Stecklinge begünstigen. Haben die Stecklinge reichlich Wurzeln gebildet, können sie einzeln in Töpfe mit normalem Substrat gepflanzt werden. Die Teilung, eine sehr einfache Vermehrungsmethode, kann beispielsweise bei Minzearten angewandt werden, da diese sich sehr rasch ausbreiten. Die Gemüsearten sind in der Regel einjährig, müssen daher entweder jedes Jahr neu ausgesät werden oder Sie kaufen bereits vorgezogene Setzlinge, die sie auspflanzen.

Eine vegetative Vermehrung kann bei Beerenobst eine Rolle spielen, wenn Sie Ihre Pflanzen selbst ziehen wollen. Erdbeeren lassen sich durch Ableger leicht vermehren, denn sie bilden Ausläufer, an denen mehrere Pflänzchen sitzen. Topfen Sie die der Mutterpflanze am nächsten wachsenden Jungpflanzen ein, trennen Sie sie aber erst nacht etwa vier Wochen ab. In dieser Zeit bildet sich ein guter Wurzelballen. Jetzt können Sie den Ableger abschneiden und erneut pflanzen.

Absenker und Ausläufer

Beerenpflanzen können durch Absenker vermehrt werden. Dazu wählt man kräftige ein- oder zweijährige Triebe und entfernt die Blütenstände und Früchte. Die Triebe werden dann zur Erde gebogen und etwa 20 cm unterhalb der Triebspitze mit einem gebogenen Draht so verankert, dass der Trieb fest auf der Erde liegt. Die Stelle, die auf die Erde kommt, muss unbedingt Augen (Knospen) haben, denn aus ihnen entwickeln sich Wurzeln und neue Triebe. Im nächsten Frühjahr wird der Absenker von der Mutterpflanze abgetrennt und an seinen neuen Platz gesetzt. Himbeeren bilden im Frühsommer auch an Wurzelausläufern Jungpflanzen, die man im Herbst abtrennt. Die Jungruten werden in den vorgesehenen Topf gepflanzt. Für die genannten Vermehrungsmethoden benötigen Sie allerdings ausreichend Platz, den Balkone und Terrassen in der Regel nicht bieten.

Die häufigste Methode zur Vermehrung von Obstpflanzen ist das Veredeln, auf die hier nicht eingegangen wird, denn dieses Verfahren sollte grundsätzlich Fachleuten überlassen bleiben.

Pflege und Ernte im Nutzgarten

Wenn Sie in ihrem Kübelgarten gesunde und schmackhafte Nutzpflanzen ernten wollen, müssen Sie ihnen von der Aussaat bis zur Ernte die nötige Aufmerksamkeit zukommen lassen. Neben dem regelmäßigen Gießen und Düngen sind weitere Pflegemaßnahmen notwendig, damit die Pflanzen besser gedeihen und die Qualität der Ernte verbessert wird.

Eine Gießkanne mit 8 bis 10 Liter Inhalt reicht für einen normal großen Balkon. Zum Angießen nach dem Pflanzen ist ein Brauseaufsatz günstig, damit noch lockeres Substrat nicht stark aufgeschwemmt wird.

Gießen

Die Versorgung mit Wasser ist für Pflanzen auf Balkon und Terrasse lebensnotwendig. Gewächse, die in Kübeln, Töpfen und Kästen gezogen werden, haben nicht die Möglichkeit, sich selbst mit ausreichender Menge an Feuchtigkeit versorgen können. Aber auch das Wetter, das Substrat, die Gefäßgröße und das Gefäßmaterial spielen eine wichtige Rolle. Eine allgemeingültige Regel dafür, wie oft und wie viel gegossen werden muss, lässt sich nicht aufstellen. Während Pflanzen bei Regen nichts oder nur wenig verdunsten, brauchen sie an heißen Sommertagen sehr viel Wasser. Bei Obst, Gemüse und Kräutern verhält es sich nicht anders als bei Zierpflanzen. Ob gegossen werden muss oder nicht, erkennt man am besten mit der Fingerprobe. Drücken Sie dazu den Finger etwa 2 cm ins Substrat und fühlen Sie, ob es noch leicht feucht ist, denn oberflächlich täuscht es oft nur Trockenheit vor. Gießen müssen Sie erst, wenn die Erde wirklich trocken ist. Deutliche Anzeichen für Wassermangel sind schlaff herabhängende Blätter und Triebe sowie ein sich vom Topfrand lösender Ballen. Aber so lange sollten Sie mit dem Gießen nicht warten, denn empfindlichere Arten haben dann bereits Schaden genommen. Sollte es doch einmal dazu kommen, lässt sich der schlechte Zustand in den meisten Fällen nach mehrfachem und gründlichem Wässern in wenigen Tagen ausgleichen. Staunässe mögen die meisten Nutzpflanzen gar nicht, denn sie führt dazu, dass die Wurzeln faulen. Außerdem werden wertvolle Nährstoffe mit dem Wasser aus dem Substrat geschwemmt. Der Fachhandel bietet Messgeräte, mit deren Hilfe Sie sich ein Gefühl für optimales Gießen aneignen können. Der Feuchtigkeitsmesser oder Tensiometer zeigt an, wie gut die Erde mit Wasser versorgt ist. Er besteht aus einem Keramikkörper, einem Rohr aus Kunststoff und einem Druckmesser. Der Fühler wird in den Topf gesteckt, dessen Substratfeuchte gemessen werden soll. Bei trockener Erde entsteht über die poröse Keramikzelle im Kunststoffrohr ein Unterdruck, den der Druckmesser anzeigt. Je trockener das Substrat ist, desto höher steigt der Zeiger. Bei einem Wert von über 50 Zentibar sollte dringend gegossen werden. Zwischen 5 und 10 Zentibar hat die Erde noch genügend Feuchtigkeit.

Wann und wieviel

Die beste Zeit für den Griff zur Gießkanne ist frühmorgens, bevor die Sonne ihre volle Kraft entwickelt. Sie haben dann für die heißen Mittagsstunden ausreichend Wasser zur Verfügung. Auch am späten Nachmittag oder am Abend kann gegossen werden; an besonders heißen Tagen sind zusätzliche Wassergaben sogar notwendig. In der prallen Mittagssonne sollte man das Wässern unbedingt unterlassen, denn erstens verdunstet die Feuchtigkeit viel zu rasch und außerdem ist der Temperaturschock für die Wurzeln beträchtlich. Aus diesem Grund sollte man generell nur abgestandenes, niemals sehr kaltes Gießwasser verwenden. Grundsätzlich sollten Sie beim Gießen nur das Substrat befeuchten, ohne die Blätter oder die Blüten zu benetzen. Die Wassertropfen auf den Blättern können die Sonnenstrahlen wie ein Brennglas bündeln und Verbrennungen auf dem Laub verursachen. Durch feuchtes Blattwerk werden auch Pilzinfektionen begünstigt. Nutzpflanzen sind hinsichtlich der Wasserqualität nicht besonders anspruchsvoll. Sie können Ihr Obst und Gemüse in Töpfen ohne Bedenken mit Leitungswasser gießen. Natürlich können Sie auch Regenwasser verwenden, aber auf Balkon und Terrasse dürfte das Aufstellen eines Regensammlers aus Platzgründen Schwierigkeiten bereiten. Für einen Balkon von normaler Größe reicht in der Regel eine Gießkanne mit 10 Litern Fassungsvermögen. Damit müssen Sie nicht zu schwer heben, aber auch nicht zu oft nachfüllen. Bei umfangreicheren Obst- und Gemüsekulturen auf größeren Terrassen leistet ein Schlauch besseren Dienst.

Automatische Bewässerung

Wenn Sie sehr viele Pflanzen zu versorgen haben oder häufig einige Tage verreisen und sich nicht täglich um die Schützlinge kümmern können, lohnt sich die Anschaffung eines automatischen Bewässerungssystems. Im Handel sind verschiedene Modelle erhält-

Balkonkästen mit eingebautem Wasserreservoir bedeuten weniger gießen. Über einen Stutzen wird Wasser nachgefüllt, das von Dochten nach oben gesaugt wird.

Automatischen Bewässerungs-anlagen mit Tonkegel als Messfühler eignen sich gut für die kurzzeitige Selbstver-sorgung Ihrer Pflanzen.

lich, die praktisch alle nach dem gleichen Prinzip arbeiten. Ein Sensor aus Keramik oder gut quellfähigem Holz, der auf Feuchtigkeit reagiert, bildet die Grundeinheit. Er wird ins Substrat gesteckt oder in den Untersetzer des Gefäßes gestellt. Mehrere solcher Feuchtigkeitsfühler sind über dünne Tropf-schläuche untereinander und mit der Wasserquelle – meist einem Wasserhahn – verbunden. Wenn der Sensor trockenfällt, entsteht im Innern ein Unterdruck, wodurch sich ein Ventil öffnet, so dass aus dem Schlauch tröpfchenweise Wasser nachläuft. Diese Tropfer haben den Vorteil, dass sie je nach Bedarf Wasser abgeben und die Wasserzufuhr ganz

nach den individuellen Bedürfnissen der Gewächse regeln. Eine technisch aufwendigere Variante funktioniert mit einem Computer, der die Wasserzufuhr steuert.
Für kurzzeitige Selbstversorgung der Pflanzen eignen sich Balkonkästen mit integriertem Wasserreservoir, das durch einen Zwischenboden vom Substratbereich getrennt ist. Das Wasser gelangt über Dochte oder eine Saugmatte in die Erde und wird durch einen Einfüllstutzen nachgefüllt. Der Vorteil dieser Kästen ist eine Anzeige oder ein Sichtfenster die es ermöglichen, den Wasserstand zu kontrollieren. Meist haben solche Kästen auch einen Überlauf, so dass man nicht zu viel Wasser einfüllen kann und überschüssiges Regenwasser abfließt. Außerdem gibt es miteinander verbundene Spezialkästen, die sich über einen Wassertank oder Wasserhahn, der höher angebracht ist, automatisch nachfüllen. Das Wasser wird ebenfalls über Saugdochte dem Substrat zugeführt. Bei dieser Bewässerungsmethode müssen Sie darauf achten, dass das Kastensystem absolut waagerecht angebracht wird, damit in den Vorratsbehältern ein gleichmäßiger Wasserstand gewährleistet ist.

Selbstversorgung während des Urlaubs

Die Urlaubszeit naht – wer wird die Pflanzen gießen? Die beste Lösung ist natürlich ein Freund oder ein Nachbar, der dazu bereit ist. Aber nicht immer hat man diese Möglichkeit und man muss sich mit anderen Methoden behelfen. Die oben besprochenen Bewässerungssysteme leisten bei Ihrer Abwesenheit gute Dienste. Wenn Sie länger verreisen, sollten Sie jedoch eine Feinregulierung an der Anlage vornehmen. Modelle, die vom Wasserhahn versorgt werden, benötigen außerdem eine Sicherung durch einen „Wasserstopp", falls sich der Schlauch während Ihrer Abwesenheit ablöst oder platzt; so erleben Sie keine bösen Überraschungen. Erfolgt die Versorgung über einen Wassertank und Sie sind mehrere Wochen verreist, sollten Sie unbedingt jemanden bitten, den Tank ab und zu nachzufüllen. Ein 40-Liter-Wassertank beispielsweise versorgt Balkonkästen von einem Meter Länge für etwa zehn Tage.
Sehr einfach ist die Methode, mehrere Töpfe gemeinsam in eine mit feuchtem Sand oder wassergesättigtem

Blähton gefüllte Wanne zu stellen. Sie funktioniert allerdings nur mit Tongefäßen, über deren poröse Wände das austrocknende Substrat das Wasser aus dem umgebenden Material nachsaugen kann. Durch den begrenzten Wasservorrat können die Pflanzen jedoch nur wenige Tage ohne erneutes Wässern überstehen. Ähnlich funktioniert es, wenn Sie die Tontöpfe in einer nicht zu hohen Schale auf eine Vliesmatte stellen, die bis in eine dicht daneben stehende, wassergefüllte Schüssel reicht, aus der das Wasser nachgesaugt wird. Im Fachhandel erhält man auch spezielle, teilweise sehr dekorativ gestaltete hohle Tonkegel, die in die Erde gesteckt und mit Wasser gefüllt werden. Je nach Größe der Kegel und der Gewächse benötigt man höchstens zwei pro Pflanze. Wurde das Substrat vorher gut durchfeuchtet, reicht der Wasservorrat des Tonkegels länger. Egal welche Art der Urlaubsbewässerung für Sie in Frage kommt, auf keinen Fall dürfen Sie die Gefäße in eine Wanne mit Wasser stellen, damit sie sich selbst versorgen. Das hätte die gleichen Folgen wie bei Staunässe – Wurzelfäulnis oder übersäuerte Erde.

Bei guter Pflege und richtiger Nährstoffzufuhr können Gemüse und Kräuter sogar im Balkonkasten üppig gedeihen.

Nutzpflanzen richtig düngen

Pflanzen in Töpfen und Kübeln können sich nicht selbst ausreichend mit Nahrung versorgen. Besonders während der Wachstumsperiode entziehen sie dem Substrat ständig Nährstoffe. Wegen des begrenzten Wurzelraumes ist eine regelmäßige Nachdüngung wichtig. Während vor allem Gemüse großzügig gedüngt werden muss, brauchen kleine Kräuterpflanzen kaum Dünger.

Die Grundnährstoffe

Stickstoff (N) ist für das Pflanzenwachstum sehr wichtig. Wenn er nicht in ausreichender Menge vorhanden ist, werden die Gewächse hellgrün und gedeihen schlecht. Bei einem Überangebot an Stickstoff werden die Pflanzen weich und sind anfällig für Schädlingsbefall. **Phosphor** (P) fördert die Blütenbildung, Reife und Wurzelbildung. **Kalium** (K) sorgt für ein festes Pflanzengewebe und ist für die Stabilität der Gewächse verantwortlich. Es erhöht die Widerstandsfähigkeit gegen Schädlinge und Krankheiten. **Calcium** (Ca) beeinflusst den pH-Wert und neutralisiert die überschüssige Säure in Substraten. Zu viel davon kann die Freisetzung von Spurenelementen verhindern. **Spurenelemente** wie Magnesium, Bor, Molybdän und Eisen werden von Pflanzen zwar nur in geringsten Mengen benötigt, sind aber für eine gesunde Entwicklung unverzichtbar. Ohne Magnesium kann die Pflanze kein Blattgrün (Chlorophyll) bilden. Bei Eisenmangel werden die Blätter gelb, die Pflanze kümmert.

Die Düngerformen

Für Ihren kleinen Nutzgarten benötigen Sie Volldünger; diese enthalten alle wichtigen Pflanzennährstoffe, deren Verhältnis zueinander jedoch sehr unterschiedlich ist. Für Gemüse im Topf eignen sich besonders stickstoff- und kalireiche Dünger. Obstgehölze benötigen kalireiche Dünger, sobald sie heranwachsen und Früchte tragen.

Dünger lassen sich grundsätzlich in mineralische und organische unterteilen: Mineraldünger können schnell wirkend sein und enthalten leicht lösliche Salze, die von den Pflanzen rasch aufgenommen werden. Sie sind in flüssiger Form, als Granulat oder als Pulver erhältlich. Mit dem Gießwasser verabreicht wirken sie schneller als in fester Form zugegeben. Depotdünger wirken langsam. Hier sind die Nährstoffe so gebunden, dass sie erst nach und nach durch das Gießwasser temperaturabhängig freigesetzt werden. Man muss nicht häufig nachdüngen. Grundsätzlich sind bei mineralischen Düngern regelmäßig schwach dosierte Gaben günstiger als seltene hochdosierte. Eine Überdüngung kann eine Verbren-

Tipp

Mit diesem unkomplizierten Rezept können Sie sich das Düngen von Gemüse und Kräutern vereinfachen: Gießen Sie die Pflanzen ein- bis zweimal wöchentlich mit einer niedrigdosierten Düngerlösung (für Schwachzehrer 1 g Dünger pro Liter, für Starkzehrer 2 g pro Liter). Bei Flüssigdünger sollten Sie die Dosierangaben des Herstellers beachten.

nung der Blätter und Wurzeln zur Folge haben. Bei Flüssigdüngern sollten Sie sich an die Dosierungsangaben auf der Verpackung halten.

Organische Düngemittel

Organische Dünger bestehen hauptsächlich aus tierischen oder pflanzlichen Stoffen wie zum Beispiel Hornspäne, Knochenmehl, Blutmehl, Guano oder Rübenschnitzel, Algen oder Kakaoschalen. Erst nachdem diese durch Bodenorganismen umgesetzt wurden, können sie von den Pflanzen aufgenommen werden. Organische Düngung wirkt langsam, aber über einen

langen Zeitraum und muss daher rechtzeitig erfolgen. Hier treten kaum jemals Schäden durch zu hohe Salzkonzentrationen auf. Abhängig vom Ausgangsstoff ist die Nährstoffzusammensetzung recht unterschiedlich. Hornspäne enthalten viel Stickstoff, Knochenmehl ist reich an Phosphor und Kalk, Blutmehl ist reich an Stickstoff und wirkt relativ schnell. Der aus Vogeldung bestehende Guano verfügt über ein hohes Maß an Phosphor. Dünger aus Algen enthalten besonders viele Spurenelemente. Die organischen Nährstofflieferanten werden einzeln oder als Mischung angeboten, oft auch zusammen mit mineralischen Kaliumsalzen und Phosphat. Damit organische Dünger wirksam werden, muss das Substrat genügend Bodenorganismen enthalten. Man streut das Düngemittel auf die Erde und arbeitet es leicht ein.

Die bekanntesten Langzeitdünger sind die Düngestäbchen oder -kegel, die aus fest verpresstem Dünger bestehen. Sie werden einfach in das Substrat gedrückt und lösen sich mit der Zeit auf. Inzwischen gibt es Düngestäbchen, die auf die Bedürfnisse von einzelnen Gemüsepflanzen, zum Beispiel Tomaten, abgestimmt sind. Auf der Packung wird angegeben, wie viele Stäbchen für welche Topfgröße benötigt werden.

Kompost

Kompost bekommt Nutzpflanzen besonders gut, aber wie kommt man als Balkongärtner an dieses Düngemittel? Vielleicht haben Sie Freunde, die einen Garten haben und ihren Kompost selbst herstellen. Da Sie für Ihren mobilen Nutzgarten nur kleine Mengen davon benötigen, könnten Sie sie gelegentlich um ein bis zwei Eimer Kompost bitten. Er enthält nämlich die Hauptnährstoffe und viele Spurenelemente. Außerdem sind darin auch Bodenbakterien enthalten, die für ein gesundes Substrat sehr wichtig sind. Gerade Beerenobst gedeiht bei Zusatz von Kompost im Frühjahr besonders gut. Kompost wird oberflächlich eingeharkt, niemals untergegraben. Übrigens gibt es Fertigkompost in Säcken zu kaufen. Grundsätzlich sollte man Dünger erst auf das Substrat geben, nachdem die Pflanzen gründlich gegossen wurden und die Erde die Wurzeln fest umschlossen hat, damit die feinen Wurzeln durch den direkten Dünger-

kontakt keinen Schaden erleiden.

Der Nährstoffbedarf

Manche Pflanzen brauchen zum Leben viel Dünger, andere hingegen sehr wenig. Für die meisten Gewächse ist das Frühjahr die Hauptdüngezeit. Obstbäumchen in Kübeln bekommen dann einen Langzeitdünger und sollten im Spätsommer etwas nachgedüngt werden. Erdbeeren hingegen brauchen nach der Ernte eine kräftige Portion organischen Dünger, denn in dieser Zeit bilden sich die Blütenansätze für das nächste Jahr. Im Herbst tut Johannisbeeren und Stachelbeeren etwas organischer Dünger oder Kompost gut. Schwarze Johannisbeeren haben einen höheren Stickstoffbedarf, während Stachelbeeren genügsamer sind. Himbeeren lieben es etwas saurer. Gemüsepflanzen werden nach ihrem Nährstoffbedarf in Stark-, Mittel- und Schwachzehrer eingeteilt. **Starkzehrer** sind zum Beispiel Tomaten, Paprika, Gurken, Zucchini. Sie werden während der Fruchtbildung wöchentlich mit etwa 2 g Volldünger pro Pflanze versorgt. **Mittelzehrern** wie Spinat, Pflücksalaten und Aubergi-

nen sollte alle zwei Wochen eine Düngermenge von etwa 2–4 g pro Balkonkasten mit 80 cm Länge verabreicht werden. **Schwachzehrer** sind unter anderem Radieschen, Bohnen, Erbsen und die meisten Gewürzkräuter. Hier reicht eine Düngermenge von 1–2 g für einen Kasten von 80 cm Länge alle zwei Wochen völlig aus. Allerdings sind diese Angaben immer in Abhängigkeit von Substrat, Pflanzen und Witterungsbedingungen als Anhaltspunkte zu betrachten und müssen je nach Bedarf angepasst werden.

Die meisten Gewürzkräuter sind Schwachzehrer. Sie benötigen nur alle zwei bis drei Wochen schwache Düngergaben, um so prächtig zu gedeihen.

Pflanzen und Umtopfen

Beim Einsetzen von gekauften Pflanzen sollt man unbedingt einige Punkte berücksichtigen. Sehr wichtig ist die Drainage. Legen Sie eine Schicht Kies oder Tonscherben auf den Topfboden; darauf wird das Substrat gefüllt. Bringen Sie die Pflanze so in das Gefäß, dass sie senkrecht steht und die Wurzel ausgebreitet ist. Füllen Sie nun die Erde ein und beachten Sie, dass alle Hohlräume zwischen den Wurzeln ausgefüllt sind. Bei Hochstämmchen wird der Stützstab vor dem Einfüllen des Substrats neben den Stamm gestellt. Bei Beerenpflanzen müssen die Wurzelknospen bedeckt sein, bei Kern- und Steinobst sowie bei Reben bleibt die Veredelungsstelle über der Erdoberfläche. Nach dem Einfüllen wird ein Gießrand eingedrückt, gut angegossen und etwas Substrat nachgefüllt, falls es einsinkt.

Gemüse und Kräuter müssen nicht mehr umgetopft werden, wenn die Jungpflanzen in das vorgesehene Gefäß gesetzt werden. Obstgehölze hingegen brauchen auch bei bester Versorgung gelegentlich neues Substrat und manchmal einen größeren Kübel. Beerenpflanzen beispielsweise müssen alle zwei bis drei Jahre umgetopft werden. Nehmen Sie die Pflanze aus dem Topf, schütteln Sie nur die Erde ab, die von alleine von den Wurzeln fällt und stellen Sie danach die Pflanze in den gleichen oder einen anderen Topf, der mit frischem Substrat gefüllt wird. Kletterpflanzen kann man nicht mehr aus dem Kübel nehmen. Geben Sie in diesem Fall jedes Jahr eine Schicht Kompost auf die Erde. Bei Hochbeeten verfährt man ähnlich und entfernt dabei vorher möglichst viel Substrat, das dann durch frisches ersetzt wird.

Pflanzen aufleiten und stützen

Ältere Obstbäumchen wie Apfel und Birne in Kübeln benötigen in der Regel keine Stützhilfe, außer Sie wollen Spalierformen kultivieren. Beerenobst in Strauchform wächst ohne Stützhilfe, während sie als Hochstämmchen unbedingt eine Stütze brauchen. Wein und Kiwi können einen Balkon rundum beranken, wenn Sie ihnen ein stabiles Gerüst zur Verfügung stellen. Auch Gemüsepflanzen, die in die Höhe wachsen, brauchen geeignete Klettervorrichtungen und Stützen.

Rankstäbe und -schnüre

Gemüse wie Bohnen, Erbsen, Tomaten, Paprika, Melonen und Gurken, die in die Höhe wachsen und sich selbst nicht aufrecht halten können, brauchen Kletterhilfen. Am besten bindet man sie an Bambusstäben fest. Der Haupttrieb wird hier mit Bindegarn oder Bast unterhalb eines Blattes locker an den Stab gebunden. Diese

Hochwachsende Pflanzen wie Tomaten werden locker in Form einer liegenden Acht unterhalb eines Blattes an Bambusstäbe angebunden.

Spiralförmig gedrehte Aluminiumstäbe, in deren Windungen die Pflanzen ohne Zutun Halt finden, eignen sich für Tomaten, aber auch für Freilandgurken als Stützhilfe sehr gut.

Rankgitter

Für Kletterer wie Bohnen, Erbsen und Gurken eignen sich Rankgitter besonders gut. Sie werden einfach in die Erde gesteckt und sollten zusätzlich an der Wand oder an einem Geländer befestigt werden, damit das Spalier samt Pflanze bei starkem Wind nicht umfällt. Die Triebe können mit Schnüren oder Pflanzenringen aus Kunststoff festgebunden werden. Beachten Sie, dass Stangenbohnen ausgesprochene Linkswinder sind und daher immer entgegen des Uhrzeigersinns aufgeleitet werden sollten. Rankgitter kann man selbst herstellen oder man kauft fertige Kleingerüste.

Hausspalier

Kletterpflanzen wie Kiwi und Weinrebe können an einem Hausspalier kultiviert werden. Sie halten sich mit ihren Ranken selbst fest, solange die Früchte nicht zu schwer sind; dann müssen sie angebunden werden. Auf einem herausragenden Balkon können Sie sogar mit einer Art Pergola eine Laube bauen und diese mit Kiwi und Wein beranken.

Beerenhochstämmchen

Johannisbeeren und Stachelbeeren kann man als Hochstämmchen für die Kultur im Kübel kaufen. Sie benötigen einen stabilen Stützpfahl, der

Pflanzen können Sie auch an ganz einfachen Schnüren aufleiten. Zu diesem Zweck befestigen Sie die Schnüre am Wurzelhals des Gemüses, legen sie locker um die Stängel der Pflanzen und ziehen sie bis zu Haken oder Ösen in Decke oder Wand. Die biegsamen Triebe klettern dann von selbst hinauf. Für Tomaten und Gurken eignen sich auch spiralförmig gedrehte Aluminiumstäbe, in deren Windungen die Pflanzen Halt finden, ohne angebunden zu werden.

An einem Spalier, das an der Hauswand angebracht wird halten sich Weinreben, aber auch Kiwis problemlos mit ihren Ranken fest. Ein solches Gerüst lässt sich ganz einfach selbst bauen: Dübeln Sie stabile Holzlatten im Abstand von etwa einem Meter vertikal auf Latten, die vorher an der Wand angebracht wurden.

Der richtige Schnitt

Der Schnitt stellt besonders für den mobilen Obstgarten einen ganz wesentlichen Teil der Pflege dar. Auch ungeschnittene Obstgehölze blühen und bilden Früchte und eine gewisse Zeit lang kann man sogar einen befriedigenden Ertrag erzielen. Über kurz oder lang aber werden die Früchte kleiner und verlieren an Qualität. Ungeschnittene Obstbäume sind auch deutlich kurzlebiger als gut gepflegte. Die Schnittmaßnahmen der Balkonobstgehölze entsprechen denen frei ausgepflanzter Bäume und gliedern sich in den Pflanzschnitt, den Erziehungsschnitt und den Erhaltungsschnitt. Ein Verjüngungsschnitt bei Vergreisung durch Kronenabwurf kommt für Obstbäumchen im Topf kaum in Frage, da ihnen bei den beengten Verhältnissen die Kraft zum Aufbau einer neuen Krone fehlt.

Pflanz- und Erziehungsschnitt

Der Pflanzschnitt wird ausschließlich im Frühjahr so-

Hochstämmchen im Topf (hier Johannisbeeren) werden im Herbst so zurückgeschnitten, dass die Krone nicht zu weit überhängt (Bruchgefahr!). Auch verzweigen sich geschnittene Triebe besser. Schneiden Sie alte Triebe heraus und kürzen Sie zu lange ein.

Die richtige Schnitttechnik:

(a) Die Gartenschere wird immer gegenüber einem Auge angesetzt und darf es beim Schnitt nicht verletzen.
(b) Die Schnittfläche muss vom Auge weg nach unten zeigen und soll etwa so lang wie die Knospe sein.
(c) Falsche Schnitte: zu hoch über der Knospe, zur Knospe hin, zu dicht an der Knospe, gerade über der Knospe.

in die Erde getrieben wird und bis in die Krone des Bäumchens hineinreichen sollte. Eine Alternative sind drei Pfähle im Dreieck, die bis unter die Krone reichen müssen. Diese müssen durch Latten miteinander verbunden werden. Dadurch schützt man auch die schwer mit Beeren behangenen Triebe vor dem Abbrechen.

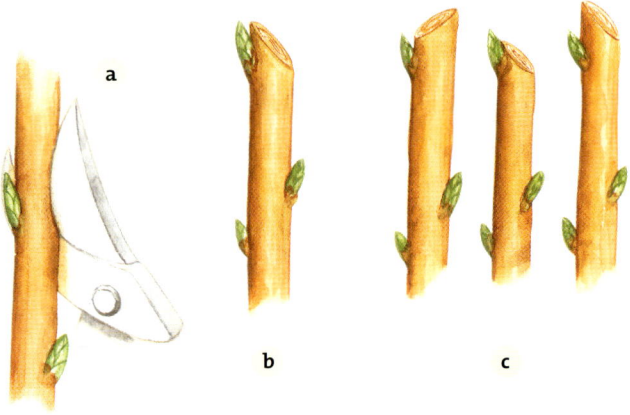

fort nach dem Setzen durchgeführt. Er dient einem guten Kronenaufbau und ist eigentlich die Grundlage aller späteren Schnittarbeiten. Beim Pflanzschnitt wird zunächst der Konkurrenztrieb entfernt, der parallel zur Stammverlängerung des Mitteltriebes fast senkrecht nach oben wächst; würde sie nicht entfernt werden, bildet sie eine zweite Spitze. Auch alle Triebe seitlich des Stammes werden geschnitten, so dass schließlich außer dem Mitteltrieb nur drei bis vier Seitentriebe, die späteren Leittriebe, übrig bleiben. Diese Triebe werden dann noch auf einige wenige Augen (Knospen) eingekürzt, die oberen mehr als die unteren. Sie sollen in etwa eine Pyramidenform bilden. Der obere Teil der Stammverlängerung wird auch noch so weit geschnitten, dass er die Seitentriebe nur etwa um 10 cm überragt. Auf diese Weise haben die sich bildenden Jungkronen mehr Licht und Luft und können weitere Triebe entwickeln. Beim Erziehungsschnitt bleiben pro Leitast nur etwa drei Seitenäste stehen – zwei, die sich möglichst an beiden Seiten des Leitastes befinden sollten und einer, der nach außen wächst. Alle Jungtriebe, die aus den Leitästen

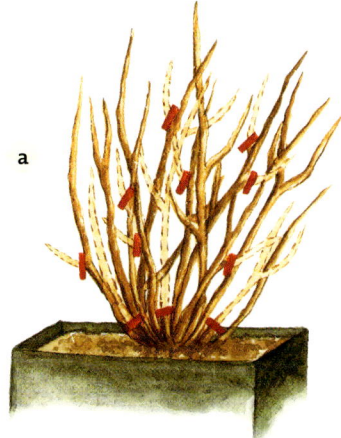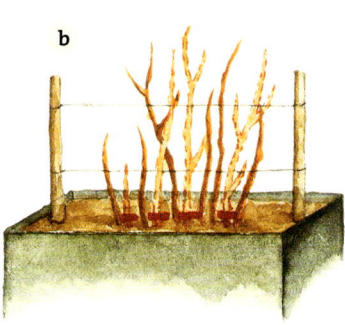

a

b

(a) *Johannisbeere: Nach der Ernte oder im Winter werden alle älteren Triebe bodennah abgeschnitten, schwache, nach innen wachsende Triebe ebenfalls entfernt. 8 bis 10 kräftige Jungtriebe bleiben stehen.*
(b) *Himbeere: Nach der Ernte werden die alten Ruten, die im Sommer getragen haben, direkt am Boden abgeschnitten. Nur die kräftigsten Jungtriebe bleiben stehen.*

steil nach oben wachsen, werden entfernt, ebenso die Konkurrenztriebe.

Erhaltungsschnitt

Der Erhaltungsschnitt erfolgt an einer aufgebauten Krone. Durch das ständige Auslichten sollen Luft und Sonne auch an die inneren Teile des Obstbäumchens gelangen können. Fruchtäste, die nicht mehr oder nicht ausreichend tragen, werden entfernt. Günstig gelegene Neutriebe werden durch einen Rückschnitt zu weiterem Wachstum angeregt. Aus ihnen entstehen im Laufe der Zeit dann die neuen Astverlängerungen mit Seitenästen und Fruchtholz.

Auch Beerensträucher in Töpfen müssen von Zeit zu Zeit geschnitten werden. Damit wird einerseits ausgelichtet, so dass die Früchte im Innern der Gewächse Licht bekommen. Andererseits wird beim Schnitt auch eine Verjüngung erzielt – an den jüngeren Trieben wachsen die besten Früchte. Beerenpflanzen werden in der Regel nach der Ernte oder im Winter geschnitten. Hochstämmchen im Topf werden im Herbst so zurückgeschnitten, dass die Krone nicht zu weit überhängt und nicht bricht. Auch verzweigen sich die geschnittenen Triebe besser. Die alljährliche Auslichtung der Krone erleichtert zudem die Ernte.

Erdbeeren im Topf werden nach der Ernte zurückgeschnitten, bei großfrüchtigen Sorten entfernt man die Triebe mit Ablegern laufend. Ist der Fruchtansatz sehr stark, kann vor allem bei Stachelbeeren ein Ausdünnen der Früchte notwendig werden. Das verhindert ein Brechen der Triebe unter dem Gewicht der Beeren und bewirkt, dass die verbleibenden Früchte besonders groß und süß werden. Um bei den Schnittmaßnahmen für Obstpflanzen keine Fehler zu machen sollten Sie sich unbedingt von einem Fachmann beraten lassen.

Beim Sommerschnitt werden nach der Blüte, wenn die Früchte erbsengroß sind, alle tragenden Triebe bis auf zwei Blätter über den äußeren Blütenständen abgeschnitten. Die Geiztriebe in den Blattachseln werden bis auf ein Blatt zurückgeschnitten.

Entspitzen und Ausgeizen

Gemüsepflanzen brauchen keinen Schnitt. Aber wichtige Pflegemaßnahmen sind hier das Entspitzen und das Ausgeizen, die das Ziel haben, alle Kraft der Pflanze in die Fruchtentwicklung zu lenken und so höhere Erträge zu erreichen. Entspitzen bedeutet das Auskneifen oder Abschneiden der Triebspitze. Bei einigen Gemüsearten wie Tomaten, Gurken und Auberginen lässt sich so eine bessere Fruchtentwicklung erzielen. Bei Tomaten sollte man im Spätsommer während des Wachstumsprozesses die Triebspitzen entfernen, sobald sich fünf oder sechs Fruchtstände gebildet haben. Bei Schlangengurken sprießen nach dem Entspitzen aus den Seitenachseln neue Triebe, die ebenfalls entfernt werden müssen, um die Fruchtentwicklung zu fördern. Wenn die Pflanzen eine Länge von 2 m erreicht haben, kann entspitzt werden.

Durch Ausgeizen werden bei manchen Fruchtgemüsen wie Tomaten, Paprika und Gurken regelmäßig wöchentlich oder alle 14 Tage die Geiztriebe entfernt. So bezeichnet man die aus den

Beim Ausgeizen von Tomaten werden alle Seitentriebe ausgekniffen. Achten Sie darauf, dass die Hände sauber sind, um keine Krankheitskeime zu übertragen.

Blattachseln entspringende Seitentriebe. Sie müssen möglichst frühzeitig abgeknipst werden, damit sie nicht dem Haupttrieb mit den Fruchtständen die Kraft nehmen. Der Vorgang muss regelmäßig wiederholt werden, da sich immer neue Geize bilden.

Nur bei strauchig wachsenden mehrjährigen Kräutern wie Thymian, Salbei und Majoran ist im Frühjahr ein Erhaltungsschnitt nötig. Darüber hinaus benötigen sie keinen speziellen Rückschnitt. Bei Rosmarin werden unordentlich wachsende Triebe im Frühjahr zurückgeschnitten. Beachten Sie dabei, dass Rosmarin sich nicht aus altem Holz erneuert.

Ernte und Lagerung

Mit den Erträgen aus Kübeln und Kästen werden Sie den Vorratskeller nicht füllen können, aber sollten Sie in Ihrem Topfgarten einmal zu viel Obst, Gemüse oder Kräuter haben, ist es gut zu wissen, worauf bei der Lagerung zu achten ist.

Der richtige Zeitpunkt für die Ernte

Von April bis zum ersten Frost ist Erntezeit im mobilen Garten auf Balkon und Terrasse. Gerade bei dem eher etwas bescheidenen Ertrag eines Topfgartens ist es wichtig zur richtigen Zeit zu ernten, denn nur dann haben Sie Obst und Gemüse von bester Qualität. Als Erstes können Sie Gemüsesprossen, Gartenkresse und Schnittlauch ernten. Radieschen und Schnitt- bzw. Pflücksalate sowie frühe Spinatsorten folgen etwas später. Von Juni bis in den Spätherbst wird die Palette umfangreicher, denn dann

sind neben Gewürzkräutern, Fruchtgemüsen und Hülsenfrüchten auch die süßen Früchte des Obstgärtchens ausgereift.
Bei vielen Fruchtgemüsearten wie Tomaten, Paprika und Auberginen erkennen Sie den Reifegrad an der Färbung; vollreif haben sie das beste Aroma und den höchsten Gehalt an Vitaminen. Zahlreiche Fruchtgemüse können mehrfach geerntet werden. Um die Saison zu verlängern, sollten Sie bei Bohnen, Erbsen, Gurken und Zucchini die jungen Früchte entfernen. Dadurch fördern Sie neuen Fruchtansatz, da die Pflanzen sich dann weniger verausgaben und Sie haben einen reicheren Ertrag.

Salat- und Blattgemüse können während der ganzen Saison geerntet werden. Lassen Sie Salat aber nicht zu groß werden. Bei Pflücksalaten und Mangold können die äußeren Blätter laufend abgeschnitten werden. Wenn Sie die Herzblätter stehen lassen, wachsen neue Blätter nach. Ernten Sie die Blätter stets frühzeitig. Kräuter werden in der Regel ab einige Wochen nach der Aussaat bis zum Herbst laufend geerntet.
Die süßen Früchte brauchen im Allgemeinen länger, bis sie die volle Reife haben. Es gibt auch hier frühe und späte Sorten, aber Obst kann je nach Art und Sorte erst ab Juni bis Oktober/November

Früchte wie Johannisbeeren sollten nur voll ausgereift geerntet werden, denn nur dann entfalten sie ihr volles Aroma und schmecken ausgezeichnet.

geerntet werden. Vollreife Früchte enthalten ihre typischen Inhaltsstoffe in ausgewogener Zusammensetzung und schmecken nur dann ausgezeichnet. Frühreifes Obst besitzt dagegen einen noch wässrigen oder faden Geschmack, während überreife Früchte schon mehlig oder muffig sein können und auch nicht lange halten.

Gemüse und Kräuter richtig lagern

Die meisten Gemüsearten können Sie einige Tage im Gemüsefach des Kühlschranks aufbewahren. Zarte, empfindliche Blattgemüse und Salate bleiben im Plastikbeutel länger frisch. Wenn Sie Kräuter langstielig pflücken, in eine Lage Zeitungspapier einwickeln und das Ganze in einem Plastikbeutel in den Kühlschrank geben, können Sie 14 Tage und länger frische Kräuter genießen. Für Tomaten, Gurken und Paprika sind Temperaturen von 12–15 °C optimal, deshalb gehören sie nicht in den Kühlschrank. Gemüse wie Erbsen, Bohnen, Spinat und Zucchini können Sie auch ohne weiteres einfrieren, nachdem sie zuvor kurz in kochendem Salzwasser blanchiert wurden. Tomaten lassen sich ebenfalls ein-

frieren; hier können Sie so vorgehen: Früchte waschen, abtrocknen, mit dem Passierstab pürieren und portionsweise in Eisformen oder -beuteln einfrieren. Im Winter haben Sie immer Tomaten für köstliche Soßen zur Hand. Gemüse wie Kartoffeln und Zwiebeln hingegen können in einem kühlen, trockenen und dunklen Raum mehrere Wochen gelagert werden. Kräuter erntet man am besten am späten Vormittag, dann haben sie nämlich das intensivste Aroma. Küchenkräuter wie Kerbel, Dill, Schnittlauch und Petersilie bewahren ihr Aroma eingefroren besser, während sich andere wie Rosmarin, Zitronenmelisse, Salbei und Thymian getrocknet hervorragend für Gerichte eignen. Binden Sie die

Kräuter einfach zu Sträußen und trocknen Sie sie an einem luftigen, warmen Ort. Danach werden die Blätter abgestreift und in Dosen oder Schraubgläsern dunkel und kühl aufbewahrt.

Obst richtig lagern

Die süßen Früchte schmecken am besten frisch, aber wenn Sie in Ihrem kleinen Topfgarten einmal eine reiche Obsternte haben, dann sollten Sie schon einige Dinge über die Lagerung wissen. Für eine längerfristige Aufbewahrung wählt man nur wirklich makellose Früchte. Zum Einlagern eignen sich vor allem Kernobstarten, aber auch Kiwis. Steinobst dagegen lässt sich nur kurzfristig aufbewahren. Man kann es entweder ein-

Auch in einem mobilen Obstgarten kann man oft reichlich ernten und die Früchte einmachen oder zu Marmelade verarbeiten.

kochen, zu Marmelade oder Kuchenbelag verarbeiten oder einfrieren. Beerenobst lässt sich sehr schlecht lagern, kann jedoch besonders gut tiefgefroren werden. Im Winter zaubern sie dann einen Hauch von Sommer auf den Speisezettel. Äpfel, Birnen und auch Kiwis werden sofort nach der Ernte unbedeckt in flache Obststeigen aus Holz gelegt. Das Obst kann aber auch einzeln in saubere Regale gelegt werden. Wichtig ist, das eingelagerte Obst nicht in mehreren Lagen übereinander zu schichten und darauf zu achten, dass sich die Früchte nicht berühren. Der Lagerraum für Kernobst muss dunkel und möglichst kühl, aber frostfrei sein. Optimal ist eine Temperatur von 4 °C bei relativ hoher Luftfeuchtigkeit, damit die Früchte nicht zu rasch an Wasser verlieren. Kartoffeln und anderes Gemüse sollten möglichst nicht direkt neben dem Obst eingekellert und die verschiedenen Obstarten nicht miteinander vermischt werden. Insbesondere Äpfel verströmen beim Nachreifen größere Mengen Äthylen, einem gasförmigen Reifungshormon, das auch bei anderen Früchten den Reifeprozess beschleunigt und so deren Haltbarkeit verkürzt.

Überwintern

Der mobile Nutzgarten auf Balkon und Terrasse bedarf im Winter besonderer Beachtung. Am sichersten ist die Überwinterung in einem Gewächshaus, einem Wintergarten oder einem hellen, kühlen Raum. Hier können die Kübelpflanzen den Winter verbringen. Oft hat man aber diese Möglichkeit nicht, daher müssen die Gefäßpflanzen bei starkem Frost warm eingepackt werden. Mit Gemüsepflanzen hat man im Winter keine Probleme, denn die meisten von ihnen sind einjährig oder werden einjährig kultiviert. Sie sind in der Regel abgeerntet, bevor die kalte Jahreszeit kommt. Wintergemüse wie beispielsweise einigen Kohlarten macht die Kälte nichts aus. Die Überwinterung von ausdauernden Kräutern wie Rosmarin und Salbei bedeutet da schon etwas mehr Arbeitsaufwand. Wenn Sie kein kühles, frostfreies Winterquartier besitzen, werden die Töpfe in Vlies oder Sackleinen eingepackt.

Einige nützliche Tricks

Obstbäumchen wie Apfel, Birne und Pflaume, aber auch Beerensträucher kön-

Empfindliche Gewächse können im Freien überwintern, müssen aber bei unserem Klima vor Kälte und Frost geschützt werden. Noppenfolie, Sackleinen, Zeitungspapier, Vlies, Tannenzweige oder ein Weidenkorb bieten in der Regel ausreichend Schutz.

nen auf Balkon und Terrasse überwintern. Sie sollten einen geschützten Platz am Haus bekommen. Bei unserem Klima muss das Pflanzgefäß rundum geschützt werden, denn am gefährlichsten ist ein anhaltendes Durchfrieren des Wurzelballens. Stellen Sie die Töpfe auf eine dicke Styroporplatte, packen Sie die Töpfe in viele Schichten Zeitungspapier ein und umhüllen Sie sie dann mit Noppenfolie, Sackleinen oder Schutzhüllen aus Kokosfaser, die im Handel erhältlich sind. Die Substratoberfläche kann ebenfalls mit Kokosmaterial, Laub, Tannenzweigen oder Schilfmatten geschützt werden – auch gegen die Wintersonne, die viel Schaden anrichten kann. Sie taut nämlich Zellflüssigkeit, die nachts gefroren ist, zu schnell auf. Die Folgen sind Risse in der Rinde, absterbende Knospen und faulende Blätter. Während der Wintermonate sollten Sie öfter nachschauen, ob das Substrat noch feucht ist. Wenn nicht, so sollte an frostfreien Tagen etwas gegossen werden.

Bedenken Sie, dass nicht nur die Pflanzen, sondern auch die Gefäße Winterschutz brauchen. Besonders Tontöpfe, aber auch frostbeständige Terrakottagefäße können Risse bekommen und springen, wenn sie starken Frösten und Regen ausgesetzt sind. Die oben erwähnten Schutzmaterialien bieten in der Regel auch den Töpfen ausreichend Winterschutz.

Pflanzenschutz im mobilen Nutzgarten

Vorbeugende Maßnahmen sind der wirksamste Schutz gegen Schädlinge und Krankheiten. Der richtige Standort ist sehr wichtig sowie die optimale Versorgung mit Nährstoffen und Wasser nach den individuellen Bedürfnissen der Pflanzen. Außerdem sollten Sie Ihre Kräuter und Gemüse sowie die Obstgewächse regelmäßig kontrollieren, damit Sie einen etwaigen Befall rechtzeitig erkennen. Gelbe Blätter müssen sofort

Pflanzenbrühen und -tees

Rainfarnbrühe: Gegen Rost, Mehltau, Milben, Weiße Fliege und Läuse. 300 g Rainfarn in 10 l Wasser 24 Stunden einweichen, etwa 30 Minuten kochen, unverdünnt spritzen.

Ackerschachtelhalmtee: Gegen Pilzkrankheiten und Spinnmilben. 1 kg frischen Ackerschachtelhalm über Nacht in 10 l Wasser ansetzen, 30 Minuten köcheln lassen und im Verhältnis 1:5 verdünnt spritzen.

Brennnesselbrühe: Gegen Raupen und Blattläuse. 1 kg frische Brennnesseln in 10 l Wasser 24 Stunden ziehen lassen, unverdünnt spritzen.

Farnkrauttee: Gegen Blatt-, Blut- und Schildläuse. 1 kg frischen Farn mit 10 l heißem Wasser übergießen, etwa 15 Minuten ziehen lassen und im Verhältnis 1:5 verdünnt spritzen.

Knoblauchtee: Gegen Echten Mehltau. 1 kg frischen Knoblauch mit 10 l heißem Wasser übergießen, etwa 15 Minuten ziehen lassen und unverdünnt spritzen.

Quassiabrühe: Gegen alle tierischen Schädlinge. 150 g Quassiaholz (Apotheke) in 2 l Wasser 24 Stunden einweichen, 1 Stunde kochen, mit 10 l Wasser verdünnen und spritzen. Nachteil: vernichtet auch Nützlinge!

Die Pflanzen sollten vor dem Ansatz grundsätzlich zerkleinert werden. Tees und Brühen werden vor der Verwendung immer erst durchgesiebt und nur abgekühlt verwendet.
Man kann statt 1 kg frischen auch 150 g getrocknete Pflanzen für die gleiche Wassermenge verwenden.

entfernt werden, denn oft bedeuten sie den Beginn von Krankheiten. Besonders gegen Pilzerkrankungen lassen sich nur vorbeugende Maßnahmen ergreifen, da es hier kaum wirksame, ungiftige Bekämpfungsmöglichkeiten gibt. Die meisten Fehler werden beim Gießen gemacht; Nässe ist ein guter Nährboden für Pilzbefall. Vermeiden Sie es, die Blätter zu benetzen und gießen Sie möglichst nicht spätabends. Speziell Salatpflanzen und Tomaten reagieren da sehr empfindlich.

Die Pflanzen in den Gefäßen dürfen nicht zu dicht stehen, damit die Luft gut zirkulieren kann. Eine gute Belüftung ist gerade auf kleinem Raum wichtig – sonst drohen Pilzkrankheiten. Aus diesem Grund müssen auch Beerensträucher alljährlich ausgelichtet und Obstgehölze geschnitten werden. So bekommen sie auch im Innern Luft und Sonne. Wichtig ist zudem die Wahl der Nachbargewächse, manche Pflanzen schützen sich nämlich gegenseitig. Schnittlauch, Winterbohnenkraut, Sellerie und Tomaten vertreiben Läuse von benachbarten Gemüsen. Bei Buschbohnen wehrt Bohnenkraut Läuse ab. Nach dem gleichen Prinzip bewahrt die Kapuzinerkresse Obstpflanzen vor Blut- und Blattläusen. Tomaten halten mit ihrem intensiven Geruch Schädlinge von Kohlgemüse ab. Knoblauch wirkt bei einigen anderen Nutzpflanzen gegen Pilzkrankheiten wie Grauschimmel.

Pflanzenstärkungsmittel wie Gesteins- und Tonmehle, aber auch Pflanzenbrühen und -tees eignen sich besonders gut, dem Befall von Schädlingen und Krankheitserregern vorzubeugen. Sie stärken die Zellwände der Gewächse und erschweren den stechenden und saugenden Plagegeistern den Zugriff.

Die zarte Florfliege und ihre Larve zählen zu den natürlichen Feinden der allgegenwärtigen Blattläuse.

Nützlinge gegen Schädlinge

Gegen tierische Schädlinge lässt sich gerade beim Anbau von Obst und Gemüse mit Nützlingen ein Menge tun – auch auf Balkon und Terrasse. Diese Tiere ernähren sich nämlich von den gefürchteten Schädlingen. Sie können diese Nutzinsekten fördern, indem Sie um Ihren Topfgarten viele Blütenpflanzen, vor allem Doldenblütler ansiedeln. Ausgewachsene Schwebfliegen und Florfliegen zum Beispiel ernähren sich von Blütennektar und Pollen, die Larven aber fressen Unmengen von Schädlingen. Verzichten Sie wegen der Nützlinge auf den Einsatz von chemischen Insektiziden, denn diese Mittel vernichten die Schädlinge nur vorübergehend, während die Nutzinsekten mit Sicherheit getötet werden.

Eine Vielzahl von Nützlingen können Sie auch über den Fachhandel beziehen: Gegen Blattläuse können Florfliegen, Schwebfliegen, Marienkäfer, Gallmücken und Schlupfwespen eingesetzt werden. Im Fachhandel sind diese Nutzinsekten im Larven- oder Puppenstadium, aber auch als ausgewachsene Tiere erhältlich. Öffnen Sie die Packungen

Die häufigsten tierischen Schädlinge

Schädlinge	Betroffene Nutzpflanzen	Schadbild	Bekämpfung
Blattläuse	fast alle Gemüse- und viele Obstpflanzen	Blätter, Stängel, Triebspitzen klebrig; kräuseln sich, rollen sich ein oder welken	mit kaltem Wasser, Seifenlösung oder Brennnesselbrühe besprühen; Spritzmittel (Spruzit, Neudosan); Nützlinge
Blutläuse	viele Apfelsorten	weiße, wollige Ausscheidungen; beim Zerdrücken blutrot; krebsartige Wucherungen	befallene Triebe entfernen
Schildläuse	vor allem Obstpflanzen	bräunliche Schilde auf Blattunterseite; klebrige Blätter mit gelblichen Flecken	Schildläuse abkratzen; mit Spiritus-Seifenlösung einpinseln; ölhaltige Präparate
Weiße Fliege (Mottenschildlaus)	Tomaten, Paprika, Auberginen und Gurken	fleckige, gelbe Blätter, schwächliche Jungtriebe; weiße, bei Berührung auffliegende Insekten	Schmierseifenlösung; biologische Spritzmittel; Nützlinge
Spinnmilben (Rote Spinne)	Gurken, Bohnen und Paprika; Schwarze Johannisbeeren, Erdbeeren, Apfel und Birne	feine Gespinste an den Blattunterseiten	Pflanzen kühl und feucht stellen; lauwarm abbrausen; Milbenspritzmittel; Nützlinge
Thripse (Blasenfüße)	Gurken und Tomaten	grauweiß bis silbrig glänzende Blätter, die abfallen	Wasserdusche (vorbeugend); Knoblauchtee; Schmierseifenlösung; Nützlinge
Minierfliege	Gurken und Tomaten	gewundene Fraßgänge in den Blättern	befallene Blätter vernichten; Nützlinge
schädigende Wespen	vor allem Obstpflanzen	u. a. Larven der Apfelsägewespe: Bohrlöcher in Äpfeln; Larven der Stachelbeerblattwespe: geschädigte Blätter	vorbeugende Kontrolle; Pyrethrumpräparate
Gemüsefliegen	viele Gemüsepflanzen (Kohl, Karotten, Zwiebeln u. a.)	befallene zarte Keimlinge sterben ab	Insektenschutznetze; Gemüsepflanzen im Haus vorkultivieren

Blattläuse befallen verschiedene Pflanzenteile wie Blätter und Triebspitzen, wo sie sich von dem reichlich vorhandenen Pflanzensaft ernähren.

immer in der Nähe der befallenen Pflanzen, damit die Nützlinge sofort aktiv werden können. In der Regel müssen diese Tiere mehrmals ausgesetzt werden. Mit der Erdwespe *Encarsia* lässt sich gegen Weiße Fliege gezielt Abhilfe schaffen. Hier richten vor allem die Larven großen Schaden an, indem sie Honigtau ausscheiden, auf dem sich Rußtaupilze ansiedeln. Die Wespen werden im Puppenstadium auf Kärtchen verschickt, die man einfach in die befallenen Pflanzen hängt. Der Erfolg stellt sich nach etwa 14 Tagen ein und lässt sich daran erkennen, dass sich die Larven der Weißen Fliege schwarz färben.

Gegen Spinnmilben (Rote Spinne) helfen Raubmilben der Gattung *Phytoseiulus*. Die Nutzinsekten werden auf Bohnenblättern zugesandt. Die Bohnenblätter verteilt man ganz oder vorsichtig zerschnitten auf den befallenen Pflanzen. Für eine 1 m hohe Pflanze werden je nach Befallsstärke etwa zehn Raubmilben benötigt. Sie sollten die Pflanzen mit einer Lupe kontrollieren; in den Spinnmilbennestern müssen Raubmilben sichtbar sein. Die Pflanzen beginnen nach zwei bis drei Wochen neu auszutrei-

ben; der Neuaustrieb sollte schädlingsfrei sein.

Thripse lässt sich mit den Larven der Florfliege erfolgreich bekämpfen. Sie werden in einer mit Gaze verschlossenen Pappwabe verschickt. Für eine 1 m hohe Pflanzen werden je nach Befallsstärke etwa zehn Larven benötigt. Nach zwei Wochen sollte der Befall reduziert sein. Nach drei Wochen empfiehlt sich eine zweite Freilassung. Gegen Minierfliegen lassen sich Schlupfwespen der Gattungen *Dacnusa* und *Diglyphus* erfolgreich einsetzen.

Bakterienkrankheiten

Bei Gurken, Tomaten und Bohnen tritt häufig die Bakterienwelke, bei Kohlgemüse, Salat und Karotten die Bakterienfäule auf. Feuerbrand ist die wichtigste Bakterienkrankheit bei Obstpflanzen und kommt besonders bei Birnen und Äpfeln

relativ oft vor. Sie ist meldepflichtig. Typisch sind die wie verbrannt wirkenden, graubraun bis schwarz verfärbten und vertrockneten Blätter, die abgeworfen werden. Die Krankheit kann sich rasch ausbreiten. Gegen Bakterienkrankheiten gibt es keine wirksamen Spritzmittel oder Präparate. Daher sollte man nur widerstandsfähige Sorten und bei Gemüse möglichst gebeiztes Saatgut verwenden. Erkrankte Pflanzenteile werden vollständig zurückgeschnitten und vernichtet.

Viruserkrankungen

Viren rufen bei Pflanzen so genannte Virosen – mosaikartige Verfärbungen der Blätter – hervor und verursachen auch Formveränderungen der Blätter oder Früchte. Sie werden oft durch saugende Insekten wie Blattläuse und Thripse

Pilzkrank-heiten	Betroffene Nutzpflanzen	Schadbild	Bekämpfung
Keimlings-krankheiten (Umfallkrank-heit oder Wurzelbrand)	Tomaten, Kopfsalat, Karotten u. a.	Schwarzfärbung der Keimlinge, weich-fauler Stängelgrund	keimfreie Erde und gebeiztes Saatgut verwenden; Schachtelhalmbrühe
Grau-schimmel (*Botrytis*)	vor allem Erd-beeren, Salat, Gur-ken, Tomaten	befallene Pflanzenteile faulen; von grauem Pilzrasen überzogen	vorbeugen: optimale Stand-ortbedingungen, ausreichen-der Pflanzabstand, keine Staunässe; Schachtelhalm-brühe und Knoblauchtee
Mehltau	Gurken, Erbsen, Karotten, Spinat, Feldsalat; Erdbee-ren, Stachelbeeren, Weinrebe, Apfel, Birne	Echter Mehltau: weiß-licher Schimmelrasen auf Blättern und Stängeln; Falscher Mehl-tau: gelbbraune Flecken auf Blattoberseiten, weißgrauer Pilzrasen auf Blattunterseiten	vorbeugen: Anbau von resis-tenten Sorten; Blätter beim Gießen nicht benetzen; Schachtelhalmbrühe und Knoblauchtee; befallene Teile vernichten
Braunfäule	vor allem Tomaten und Kartoffeln	schwarzbraune Fle-cken, hartes, ungenieß-bares Fruchtfleisch bzw. Knollen; weißlicher Schimmelrasen auf Blattunterseiten	vorbeugen: Folienhaube; Ge-steinsmehl zur Stärkung der Pflanzen; Schachtelhalm-brühe bei befallenen Pflanzen
Blattflecken-krankheit	Sellerie, Petersilie; Birne (Birnengitter-rost), Schwarze Jo-hannisbeeren Säu-lenrost), Johannis- und Stachelbeeren (Blattfallkrankheit)	bräunliche Blätter, die vertrocknen und ab-fallen	vorbeugen: weniger anfällige Sorten wählen; Sträucher nach der Ernte auslichten; Bekämpfung nicht möglich; krankes Laub vernichten

übertragen. Mosaikkrankhei-ten kommen vor allem bei Salat, Bohnen, Tomaten, Gur-ken und Kartoffeln vor, befal-len aber auch Obstpflanzen wie Apfel, Birne, Brombeere, Himbeere, Johannisbeere, Pflaume und Pfirsich. Direkte Gegenmittel gibt es gegen Virusinfektionen noch nicht. Hier helfen vorbeugende Maßnahmen, die die Pflan-zen stärken und für Krank-heiten weniger anfällig machen. Sind nur die Triebe befallen, können diese bis ins gesunde Holz zurückge-schnitten werden. Hat sich das Virus jedoch weiter aus-gebreitet, muss die ganze Pflanze vernichtet werden.

Nutzpflanzen für Balkon und Terrasse

① Schnittlauch, ② Purpurblättriger Basilikum, ③ Rosmarin, ④ Petersilie, ⑤ Thymian

Wer auf Balkon oder Terrasse Nutzpflanzen zieht, möchte meist auch ohne Garten die Frische von zarten Kräutern und Salat genießen, ab und zu selbst angebautes Gemüse auf den Tisch bringen und sich am Geschmack und Anblick der eigenen süßen Früchte erfreuen. Außerdem macht es Spaß, sich auch mit interessanten Wuchsformen und schmackhaften ausgefallenen Früchten zu beschäftigen, aber auch Nutzpflanzen zu hübschen Arrangements zusammenzustellen.

Auf den folgenden Seiten finden Sie eine Auswahl an Küchenkräutern, Obst- und Gemüsepflanzen, die sich für eine Kultur auf Balkon und Terrasse eignen. Sie erfahren Wissenswertes über Standort, Kultur, Pflegemaßnahmen und Ernte.

Kräuter vom eigenen Balkon

Oft ziehen Hobbygärtner ihre Gewürzkräuter grundsätzlich in Töpfen, auch wenn sie einen Garten besitzen. Das hat den Vorteil, dass sie in Reichweite sind, wenn man sie in der Küche braucht. Außerdem können starkwüchsige Kräuter wie Minze in Gefäßen besser in Schranken gehalten werden. Gerade wenn Sie Balkongärtner sind, sollten Sie diese Vorteile nutzen und einen mobilen Kräutergarten arrangieren oder diese aromatischen Gewächse mit Gemüse oder anderen Pflanzen kombinieren. Sollen nur Kräuter wachsen, dann kommt es bei der Gestaltung vor allem auf Kontraste in Farbe und Form an. Pflanzen Sie daher Kräuter mit verschiedenen Blattfarben zusammen. Sie können auch ein Gefäß mit verschiedenen Sorten einer Gewürzpflanze bestücken wie beispielsweise Apfelminze, Ährenminze, Zitronenminze und Pfefferminze; so entsteht Abwechslung in Farbe und Form. Eine weitere Möglichkeit bietet das Thema Mittelmeerkräuter, wenn Ihr Balkon oder Ihre Terrasse von der Sonne verwöhnt wird. Hier fühlen sich Thymian, Oregano, Salbei, Rosmarin sowie Basilikum sehr wohl und Sie genießen diese Köstlichkeiten nicht nur in Speisen, sondern können in aromatischen Düften schwelgen.

Kräuter lassen sich auch mit Gemüse gut kombinieren. Bepflanzen Sie doch einmal eine Ampel mit Hängetomaten und duftenden Kräutern wie rotblättrigem Basilikum und Rosmarin – es entsteht ein bezauberndes Arrangement, so dass Sie gar nichts mehr ernten wollen. Hier sind der Fantasie keine Grenzen gesetzt.

Wer die freie Natur auf den Balkon holen will, kann Küchenkräuter zusammen mit Sommerblumen pflanzen. Besonders Lobelien, Kapuzinerkresse, Ringelblumen und verschiedene Gänseblümchen sind farbenfrohe Begleiter, die sich mit Gewürzkräutern gut vertragen. Aus dem Kreis der geeigneten Kräuter werden hier einige beschrieben.

Schnittlauch
(Allium schoenoprasum)

Schnittlauch bildet kleine Horste. Die röhrenförmigen, grünen Blätter, die so ge-

nannten Schlotten, der mehrjährigen Zwiebelpflanze treiben schon sehr früh im Jahr. Er enthält ätherisches Öl, Vitamine und Mineralstoffe.

Höhe: 20–30 cm
Blüte: kugelige Dolden aus rosa- bis lilafarbenen Blüten; Mai bis August
Standort: sonnig bis halbschattig
Kultur: Aussaat ab Februar im Haus bei 18–20 °C, ab März/April im Freien; ältere Bestände können im Frühjahr oder Herbst durch Teilung vermehrt werden
Pflege: regelmäßig kräftig gießen; Blütenstände ausbrechen, damit sich die Blätter besser entwickeln; zwei- bis dreimal im Jahr zurückschneiden, um neuen Wuchs anzuregen
Ernte und Verwendung: etwa 6 Wochen nach der Aussaat; Würzkraut für Salate, Quark, Soßen,

Schnittlauch fühlt sich auch mit anderen Kräutern ganz wohl.

Suppen, Eier- und Kartoffelspeisen; Konservierung durch Gefrieren

Dill
(Anethum graveolens)

Die einjährige Gewürz- und Heilpflanze hat nur wenig verzweigte, hohle Stängel, die fein gefiederte, graugrüne Blätter tragen. Dill enthält viele ätherische wie fette Öle, die ihm seinen aromatischen Geschmack verleihen.

Höhe: 60–100 cm
Blüte: lockere Dolden mit zahlreichen kleinen, gelblichen Blüten; ab August
Standort: sonnig, warm und windgeschützt

① *Petersilie,* ② *Schnittlauch,*
③ *Thymian,* ④ *Salbei,*
⑤ *Basilikum*

Kultur: Aussaat das ganze Jahr über im Haus, von April bis August im Freien, alle 2 bis 3 Wochen für laufend frischen Dill

Pflege: kaum Pflege, nur regelmäßig das Substrat lockern, da Dill keine Staunässe mag; Blütendolden entfernen

Ernte und Verwendung: Würzkraut für Salate, Soßen und Fisch; Samenkörner und Kraut zum Einlegen von Gurken; gefroren aufbewahren

Estragon
(Artemisia dracunculus)

Die mehrjährige, buschige Gewürzpflanze trägt an den dünnen Stängeln locker verteilte, lanzettförmige Blätter. Estragon enthält ätherische Öle, Gerb- und Bitterstoffe. Der widerstandsfähigere Russische Estragon ist weniger aromatisch als der empfindliche, dafür aber sehr würzige Französische Estragon.

Höhe: bis 150 cm

Blüte: unscheinbare gelbe Blütenköpfchen in Rispen; von Juli bis September

Standort: sonnig bis halbschattig, warm und geschützt

Kultur: Französischer Estragon lässt sich in unserem Klima nur durch Wurzelausläufer oder Stecklinge ver-

mehren, Samen sind nicht erhältlich; die robustere Form kann im Freiland ab April ausgesät werden

Pflege: in Trockenzeiten ausreichend gießen; Wurzelballen sollte immer feucht, aber ohne Staunässe sein; im Herbst Pflanze abschneiden und mit Reisig oder Stroh abdecken

Ernte und Verwertung: frische Blätter und Triebspitzen den ganzen Sommer über; geeignet für Fisch, Geflügel und Soßen sowie zur Aromatisierung von Essig und Senf; beim Trocken verliert Estragon viel von seiner Würzkraft

Der nicht sehr aromatische Russische Estragon ist recht widerstandsfähig.

Pfefferminze
(Mentha x piperita)

Die mehrjährige Gewürz- und Heilpflanze hat kantige Stängel, die länglich ovale, gezähnte, hell- bis dunkelgrüne Blätter tragen. Sie enthält ätherisches Öl mit Menthol sowie Gerbstoffe.

Höhe: 50–80 cm

Blüte: rosafarbene bis violette Blüten in Scheinähren; Juli/August

Standort: sonnig bis halbschattig, warm und nicht zu trocken

Kultur: Vermehrung nur durch Wurzelausläufer, da die Pflanzen keine Früchte ansetzen; im Frühjahr sind Jungpflanzen erhältlich

Pflege: keine besondere Pflege; im Winter frieren die Triebe zurück und treiben im Frühjahr neu aus; leichter Frostschutz notwendig

Ernte und Verwendung: laufend frische Blätter; als Gewürz für Soßen und Salate, Suppen und Obstsalate; getrocknet als Tee

Schädlinge und Krankheiten: gelegentlich Blattlausbefall; bei zu dichtem Stand können rostartige Flecken auf den Blättern auftreten; nach radikalem Schnitt wächst ein neuer, gesunder Austrieb

Tipp: Da sich Pfefferminze sehr stark ausbreitet, sollte sie nicht mit anderen Kräuterarten in einen Topf gepflanzt werden.

Basilikum
(Ocimum basilicum)

Die einjährige Gewürz- und Heilpflanze hat einen reich verzweigten, vielblättrigen Stängel. Es gibt verschieden Sorten und Formen, die in Aussehen, Farbe und Wuchshöhe variieren. Am häufigsten ist das großblättrige Basilikum mit grünen, oval zugespitzten, etwas gewölbten Blättern. Auch kleinblättriges und rotblättriges Basilikum werden angeboten.
Höhe: niedrige Formen 15–26 cm, hohe Sorten bis 60 cm
Blüte: cremeweiße bis rötliche Blüten in endständigen

Neben dem großblättrigen Basilikum gibt es auch kleinblättrige und rotblättrige Sorten.

Ähren; je nach Kulturbeginn Juli bis September
Standort: sonnig und warm
Kultur: Aussaat im Haus Ende März/Anfang April bei 15–20 °C; als Lichtkeimer werden die Samen nur wenig mit Erde bedeckt; erst Ende Mai ins Freie pflanzen; Direktsaat in günstigen Lagen ab Ende Mai möglich
Pflege: ausreichend, jedoch nicht zu viel wässern, da sonst die Stängel faulen
Ernte und Verwendung: junge Blätter bis zum Blühbeginn; geeignet zum Würzen von Salaten, Kräutersoßen, Fleisch- und Fischgerichten; getrocknet verliert Basilikum sehr viel an Aroma, deshalb Pflanzen im Winter besser auf der Fensterbank kultivieren
Schädlinge: Blattläuse
Tipp: Kneift man die Triebspitzen ab, wächst das Basilikum buschiger.

Oregano
(Origanum vulgare)

Das mehrjährige Heil- und Gewürzkraut treibt aus einem Wurzelstock jedes Jahr neu aus. Die vierkantigen Stängel verholzen nach unten hin. Die ovalen, ganzrandigen Blätter sind leicht behaart. Die Pflanze riecht beim Zerreiben würzig aromatisch, denn sie enthält

Oregano ist das typische Gewürz für Pizza.

ätherisches Öl mit Thymol sowie Gerb- und Bitterstoffe.
Höhe: 40–60 cm
Blüte: rosa- bis purpurfarbene Blüten in Trugdolden; Juli bis September
Standort: sonnig und warm
Kultur: Aussaat ab April im Haus bei 20 °C oder direkt ins Freie
Pflege: leichter Windschutz; im Frühjahr die Pflanze zurückschneiden
Ernte und Verwendung: Blätter und junge Triebspitzen vom späten Frühjahr bis zum Herbst; die Würzkraft ist während der Blüte am intensivsten; zum Würzen von Fleisch- und Nudelgerichten; die getrockneten und zerriebenen Blätter behalten ihr Aroma ausgezeichnet
Tipp: Da ein bis zwei Pflanzen für den Hausgebrauch ausreichen, können Sie auch vorkultivierte Jungpflanzen kaufen.

Petersilie
(Petroselinum crispum)

Petersilie ist eine zweijährige Gewürzpflanze, die oft einjährig kultiviert wird. Die langgestielten, mehrfach gefiederten Blätter und Wurzeln enthalten wichtige Mineralstoffe, vor allem Eisen und Calcium, viel Vitamin C sowie ätherische Öle. Die Blattpetersilie besitzt eine dünne, für die Küche unbrauchbare Wurzel. Es gibt die Sorten mit krausen, wenig aromatischen und mit glatten, sehr würzigen Blättern.
Höhe: je nach Sorte 20–60 cm
Blüte: unscheinbare, gelblichgrüne Doldenblüten; Juni/Juli
Standort: sonnig bis halbschattig
Kultur: Aussaat ab Mitte März bis Ende Juli direkt ins Freie (lange Keimdauer von 3 bis 5 Wochen)

Petersilie: schmackhaft, dekorativ und zweijährig.

Pflege: regelmäßig gießen, jedoch keine Staunässe
Ernte und Verwendung: ab spätem Frühjahr laufend zum Würzen von Suppen, Soßen, Gemüse und Salaten
Schädlinge und Krankheiten: Möhrenfliege, Blattläuse, Blattfleckenkrankheit

Rosmarin
(Rosmarinus officinalis)

Die immergrüne Gewürzpflanze ist in unseren Breiten nur bedingt winterhart. Ihre kantigen, verzweigten Stängel verholzen mit der Zeit. Die nadelförmigen Blätter sind lederig, dunkelgrün und auf der Unterseite graufilzig behaart. Sie enthalten ätherisches Öl und Gerbstoffe.
Höhe: 30–150 cm
Blüte: blassviolette, rosafarbene oder weiße Blüten in Quirlen; März bis Juni
Standort: sonnig, warm und trocken
Kultur: Aussaat im Haus ist langwierig, am besten sollte man die Pflanzen in der Gärtnerei kaufen; eine Vermehrung durch Stecklinge ist auch möglich
Pflege: im Winter hell und kühl stellen und wenig gießen, der Wurzelballen darf nie ganz austrocknen; ab Mai an einen sonnigen Platz im Freien stellen und regelmäßig gießen

Ernte und Verwendung: Blätter und zarte Triebspitzen das ganze Jahr über; vor allem für südländische Fisch-, Fleisch-, Geflügel- und Kartoffelgerichte; nur sparsam verwenden. Rosmarin lässt sich sehr gut trocknen und behält seinen intensiven Duft

Salbei
(Salvia officinalis)

Die mehrjährige Gewürz- und Heilpflanze hat verholzende Stängel, die längliche graugrüne, netznervige Blätter tragen. Sie enthalten ätherisches Öl, Gerb- und Bitterstoffe und verströmen einen sehr würzigen und strengen Geruch.
Höhe: 30–60 cm
Blüte: weiße oder violette Blüten; Juni/Juli
Standort: sonnig
Kultur: Aussaat im Haus im April, im Mai ins Freie; man kann im Frühjahr eine Pflanze kaufen, die später zur Vermehrung geteilt werden kann
Pflege: in rauhen Gegenden Winterschutz; im Frühjahr Rückschnitt für einen Neuaustrieb aus dem alten Holz
Ernte und Verwendung: junge, zarte Blätter von Mai bis November; geeignet für Suppen, Fleisch- und Fisch, getrocknete Blätter als Tee

Gewürzkräuter für Balkon und Terrasse im Überblick

Kräuter	Höhe in cm	Standort	Aussaat/Pflanzung, Ernte	Bemerkungen
Basilikum	15–60	sonnig, warm	April/Mitte Mai, ab Juni	klein- und großblättrige Sorten mit grünen und roten, glatten und krausen Blättern; auch Heilpflanze
Bohnenkraut	40–80	vollsonnig, warm	Ende April/Ende Mai, Juni bis September	frostempfindlich; auch Heilpflanze
Borretsch	40–80	sonnig bis halbschattig	April/Mai, Juni bis September	leuchtend blaue Blüten; auch Heilpflanze
Dill	60–100	sonnig, warm, windgeschützt	April/Mai, Juni bis September	feingefiedertes Laub, gelbe Blütenstände; auch Heilpflanze
Estragon	bis 150	sonnig, warm, geschützt	ab Mai gekaufte Pflanzen ins Freie	mehrjährig; durch Teilung und Stecklinge vermehren
Kresse	5–10	sonnig bis halbschattig	April bis Oktober	im Winter am Fenster, im Sommer auf dem Balkon
Majoran	30–50	sonnig, warm	März/Ende Mai, ab Juli	kälteempfindlich; auch Heilpflanze
Oregano	40–60	sonnig, warm	April/Mai, ab Juni	mehrjährig; Vermehrung über Wurzelausläufer; auch Heilpflanze
Petersilie	20–60	sonnig bis halbschattig	März/Mai, ab Juni	Sorten mit glatten und krausen Blättern
Pfefferminze	50–80	sonnig bis halbschattig, warm, geschützt	im Frühjahr gekaufte Jungpflanzen setzen	mehrjährig; breitet sich stark aus; Pflanze setzt keine Früchte an; auch Heilpflanze
Rosmarin	30–150	sonnig, warm, trocken	ab Mai gekaufte Pflanzen setzen	mehrjährig; kugelige Blütenköpfchen im zweiten Jahr
Salbei	30–60	sonnig	April/Mai, Mai bis November	mehrjährig; weiße oder violette Blüten; auch Heilpflanze
Schnittlauch	20–40	sonnig bis halbschattig	März/April, Mai bis Oktober	mehrjährig; kugelige, rosa- bis lilafarbene Blütendolden
Thymian	10–40	sonnig, warm, trocken	März/Ende Mai, ab Juli	mehrjährig; rosa- bis lilafarbene Blüten; auch Heilpflanze
Zitronenmelisse	bis 70	sonnig bis halbschattig	März/April, Juni bis Oktober	mehrjährig; wenig kälteempfindlich; Zitronenduft

Gemüse im Kübel

Mit Gemüsepflanzen lassen sich Balkon und Terrasse sehr reizvoll gestalten. Je nach Wunsch können Sie die gesamte zur Verfügung stehende Fläche nur für Salat- und Gemüse nutzen oder die Nutzpflanzen mit Blumen kombinieren. Um verschiedene Gemüsearten in einem Gefäß zu kombinieren, benötigen Sie sehr voluminöse Behälter, denn die Pflanzen brauchen ausreichend Substrat und Platz für die Wurzeln. Aber gerade auf dem Balkon kann es Gewichts- und Platzprobleme geben. Aus diesem Grund ist ein Mischanbau auf dem Balkon meist nicht zu verwirklichen. Oft ist es besser jede Gemüseart in eigenem Topf zu kultivieren und die verschieden bepflanzten Gefäße zu einer gefälligen Gruppe zusammenzustellen. Dabei ist zu beachten, dass die größeren Gewächse den kleineren nicht die Sonne wegnehmen. Mehr Möglichkeiten bietet dagegen eine große Terrasse, auf der sich schon ein kleines Hochbeet unterbringen ließe. Hier können Sie problemlos verschiedene Gemüsearten nebeneinander anbauen. Aber selbst auf einer großflächigen Terrasse ist der

Ernte vom Frühjahr bis in den Herbst

Die Pflanzfläche misst 1 m x 1,50 m.

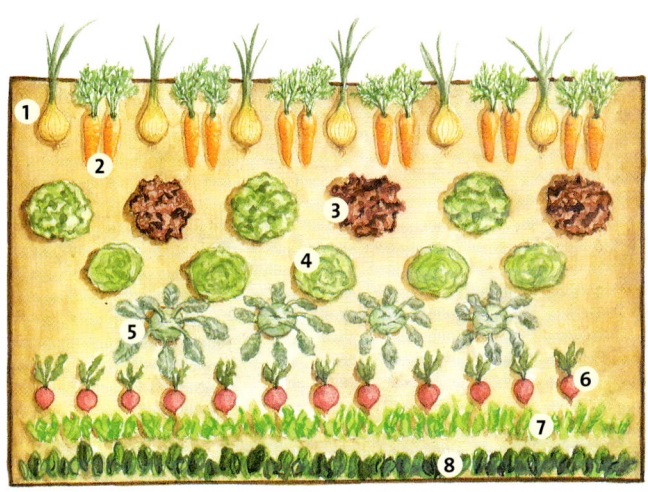

Ernte im Frühjahr: ①*Steckzwiebel,* ②*Karotten,* ③*Pflücksalat,* ④*Kopfsalat,* ⑤*Kohlrabi,* ⑥*Radieschen,* ⑦*Salatrauke,* ⑧*Spinat*

Ernte im Sommer: ①*Steckzwiebel,* ②*Karotten,* ③*Zuckermelone,* ④*Kopfsalat,* ⑤*Lauch,* ⑥*Paprika,* ⑦*Tomaten,* ⑧*Buschbohnen,* ⑨*Zucchini,* ⑩*Mini-Gurken*

Ernte im Herbst und Winter: ① *Zuckermelone,* ② *Spinat,* ③ *Radieschen,* ④ *Lauch,* ⑤ *Paprika,* ⑥ *Chinakohl,* ⑦ *Pflücksalat,* ⑧ *Zucchini,* ⑨ *Mini-Gurke*

Ernte und Verwendung: bei Blattmangold etwa 8 Wochen nach der Aussaat, bei Stielmangold 3 Monate nach der Aussaat laufend die äußeren Blätter ernten; Blätter werden wie Spinat, Stiele wie Spargel zubereitet
Schädlinge und Krankheiten: Rübenfliegen, Blattläuse, Falscher Mehltau, Keimlingskrankheiten
Sorten: Blattmangold – 'Gelber Schnitt' (gelbes Blatt), 'Lukullus' (dunkelgrünes Blatt), Stielmangold – 'Feurio', 'Vulkan', 'Rhubarb Chard' (rotstielig), 'Glattes Silber' (weißstielig)

Platz begrenzt, pflanzen Sie deshalb nur wenige Exemplare von jeder Art.

Folgesaaten

Während zahlreiche Fruchtgemüse wie Tomaten, Paprika, Zucchini und Auberginen mehrere Monate bis zur Genussreife benötigen, gibt es raschwüchsige Pflanzen wie Karotten, Radieschen, Pflücksalate und Spinat, die Sie mit zeitlichem Abstand häufiger aussäen oder pflanzen können. Die abgeernteten Gefäße sollten Sie vor der neuen Pflanzung oder Aussaat teilweise oder ganz mit neuem Substrat auffüllen.

Mangold
(Beta vulgaris var. *vulgaris)*

Das zweijährige Blattgemüse wird in unserem Klima einjährig kultiviert. Es gibt zwei Varietäten: Blattmangold mit spinatähnlichen Blättern und Stielmangold mit breiten, fleischigen grünen, gelben oder roten Stielen.
Höhe: 50–60 cm
Standort: sonnig bis halbschattig, warm
Kultur: Aussaat von Mitte April bis Anfang Juni direkt ins Freie; Jungpflanzen auf 25 cm Abstand ausdünnen
Pflege: gut feucht halten und alle 4 Wochen düngen

Paprika
(Capiscum annuum)

Die einjährige buschige Pflanze trägt dunkelgrüne, länglich ovale Blätter. Die hohlen, zunächst grünen Früchte (Schoten) werden bei Vollreife meist gelb oder rot, sind verschieden groß und unterschiedlich geformt. Sie enthalten viel Vitamin C und Karotin sowie Capsaicin, die der Frucht ihre Schärfe verleiht. Man unterscheidet Gemüsepaprika (mild) und Gewürzpaprika oder Peperoni (scharf).
Höhe: bis zu 80 cm
Standort: sonnig, warm, wind- und regengeschützt
Kultur: Aussaat ab Anfang

Paprikapflanzen gedeihen im Topf sehr gut und bringen reichlich Früchte hervor.

März bei 22 °C, ab Anfang Juni ins Freie

Pflege: die ersten und überschüssige Blüten entfernen; Substrat feucht halten, keine Staunässe, alle 2 bis 3 Wochen düngen; hochwüchsige Sorten stützen

Ernte und Verwendung: etwa 5 Monate nach der Aussaat, Früchte grünreif oder vollreif (farbig) abschneiden; roh oder gedünstet verwenden

Schädlinge und Krankheiten: Blattläuse, Weiße Fliege, Grauschimmel

Sorten: Gemüsepaprika – 'Triton', 'Festival', 'Neusiedler Ideal', 'Sweet Banana'

Gurke
(Cucumis sativus)

Die einjährige Pflanze bildet lange, mit Ranken versehene Triebe aus, an denen große handförmige, rau behaarte Blätter sitzen. Sie bringt gelbe männliche und weibliche Blüten hervor. Neue Sorten haben überwiegend weibliche Blüten, die ohne Bestäubung Früchte bilden. Die je nach Sorte unterschiedlich geformten Früchte sind reich an Kalium und Vitaminen, sind aber kalorienarm.

Standort: hell, nicht vollsonnig, warm, windgeschützt

Kultur: Aussaat ab Anfang April im Haus, nur die kräftigsten Sämlinge verwenden; gekaufte Setzlinge (sie sollten noch keine Blütenansätze zeigen) nicht vor Mai auspflanzen

Pflege: die meisten Gurken brauchen eine Stütze; oft und reichlich mit nicht zu kaltem Wasser gießen; niedrig dosiert düngen

Ernte und Verwendung: regelmäßig kleinere Früchte ernten; Salatgurken ausschließlich frisch verzehren, Gurken können frisch, geschmort oder eingelegt gegessen werden

Schädlinge und Krankheiten: Spinnmilben, Bakterienwelke, Viruserkrankungen, Echter und Falscher Mehltau

Sorten: Salatgurken – 'Alcor', 'Bella', 'Bush Champion'; Einlege- und Schälgurken – 'Accordia', 'Passion' (jungfernfrüchtig), 'Carnito', 'Gisela'

Zucchini
(Cucurbita var. pepo giromontiina)

Das einjährige Fruchtgemüse trägt an langen behaarten Stielen große herzförmige, gelappte rau behaarte Blätter. Die Pflanze bildet gelbe männliche und weibliche Blüten. Die gurkenähnlichen Früchte enthalten Vitamin B und C, Mineralstoffe sowie Kalium.

Standort: vollsonnig bis halbschattig, geschützt

Kultur: Vorkultur im April, nach der Keimung auf eine Pflanze pro Topf vereinzeln; Jungpflanzen ab Mitte Mai ins Freie stellen; 2 Pflanzen reichen für Topfkultur aus

Pflege: oft und reichlich gießen, jedoch Staunässe

Nicht nur die grünen Früchte schmecken gut, auch gefüllte Zucchiniblüten sind eine Delikatesse.

vermeiden; geöffnete Blüten dabei nicht benetzen, da sich sonst keine Früchte entwickeln; wöchentlich düngen

Ernte und Verwendung: 6 bis 8 Wochen nach dem Auspflanzen 15–20 cm lange Früchte ernten, da größere Zucchini innen schwammig werden; immer mit dem Messer abschneiden, nicht abdrehen; roh, gedünstet oder gebacken verzehren; essbare Blüten

Schädlinge und Krankheiten: Echter Mehltau

Sorten: 'Diamant' (grün), 'Gold Rush' (gelb), 'Long White' (weiß)

Möhre, Karotte
(Daucus sativus)

Die eigentlich zweijährige Pflanze wird einjährig kultiviert. Die frühen Sorten mit runden, kurzen Rüben eignen sich für die Topfkultur am besten. Die hellgrünen, fein gefiederten Blätter duften aromatisch. Karotten enthalten viel Karotin, ätherische Öle, Vitamine und Mineralstoffe.

Standort: sonnig bis halbschattig

Kultur: Aussaat der frühen Sorten mit kurzen Rüben von Februar bis April im Haus in nicht zu flachen Gefäßen; Saatbänder, bzw. Samenpillen ersparen das Pikieren

Pflege: regelmäßig gießen und düngen; Insektenschutznetze helfen gegen Möhrenfliege; Erde anhäufeln, um Grünverfärbung zu vermeiden

Ernte und Verwendung: wegen des besseren Geschmacks jung ernten; roh, gedünstet oder gekocht, immer mit etwas Fett oder Öl zubereitet essen, damit der Karotingehalt für den Körper verwertbar wird; eingefroren aufbewahren

Schädlinge und Krankheiten: Möhrenfliege, Blattläuse, Keimlingskrankheiten, Echter Mehltau

Sorten: 'Early Nantes', 'Pariser Markt'

Salat
(Lactuca sativa)

Man unterscheidet zwischen Pflücksalat, Schnittsalat, Kopfsalat, Eissalat und zahlreichen anderen Formen. Pflück- und Schnittsalate eignen sich für die Topfkultur besonders gut. Wenn man sie nicht ganz aberntet, wachsen sie nach. Auch von Kopfsalat gibt es inzwischen Mini-Sorten, die sich für den Balkon eignen.

Standort: sonnig bis halbschattig

Kultur: Pflücksalate – Aussaat ab Februar im Haus, Folgesaaten bis August, Jung-

Kopf- und Pflücksalate lassen sich problemlos in Töpfen ziehen.

pflanzen können nach dem Pikieren ab April ins Freie; Schnittsalate – Aussaat ab April geschützt direkt im Freien; Kopfsalat – Aussaat je nach Sorte ab Februar im Haus, von April bis Ende Juli im Freien; hier lohnt sich der Kauf von Jungpflanzen

Pflege: regelmäßig gießen, aber sparsam düngen; bei Pflück- und Schnittsalaten nach der Ernte leicht düngen

Ernte und Verwendung: von Anfang Mai bis zum ersten Frost; bei Pflücksalaten können die Außenblätter laufend geerntet werden; Schnittsalate werden 3 bis 5 Wochen nach Aussaat wie Spinat abgeschnitten; roh als Salat angemacht verzehren

Schädlinge und Krankheiten: Blattläuse, Falscher Mehltau, Viruskrankheiten

Reife Tomaten sind nicht nur gesund, sondern bieten auch einen herrlichen Anblick.

Sorten: Pflücksalate – 'Lollo Rosso', 'Lollo Bionda', 'Carnival' (rotgrüner Eichblattsalat), 'Brunia' (roter Eichblattsalat); Schnittsalate – 'Gelber Runder', 'Krauser Gelber'; Kopfsalate – 'Tom Thumb' (Mini-Kopfsalat), 'Sucrine' (Mini-Kopfsalat)

Tomate
(Lycopersicon lycopersicum)

Das einjährige sehr frostempfindliche Fruchtgemüse ist stark verzweigt und trägt dunkelgrüne, grob gefiederte Blätter. Die zunächst grünen Früchte, die das Alkaloid Solanin enthalten und daher noch giftig sind, entwickeln sich rot oder gelb. Mit der Reife bildet sich Solanin zurück. Vollausgereifte Tomaten sind reich an Vitamin B und C, Fruchtsäuren, Ätherischen Ölen und Mineralstoffen. Man unterscheidet hochwachsende Stabtomaten und niedrigwachsende, Busch- oder Balkontomaten.
Höhe: 25–150 cm
Standort: vollsonnig, warm, windgeschützt
Kultur: Vorkultur ab Mitte März bei mindestens 20 °C; sind die ersten Blattpaare erschienen, wird einzeln in 10 cm-Töpfe pikiert; nach den Eisheiligen in großen Gefäßen ins Freie stellen
Pflege: hochwachsende Sorten stützen; regelmäßig ausgeizen, Haupttrieb entspitzen, wenn sich 5 bis 6 Blütenstände gebildet haben; Pflanzen ab und zu von Hand schütteln, damit der Pollen auf die Narben gelangt; niedrig wachsende Buschtomaten bei starkem Fruchtbehang stützen; ältere, vergilbte Blätter entfernen; Pflanzen regelmäßig gießen – bei ungleichmäßiger Versorgung platzen die Früchte; regelmäßig düngen; Blätter trocken halten
Ernte und Verwendung: von Juli bis Oktober voll ausgereift ernten; frisch verzehren oder für Soßen verwenden
Schädlinge und Krankheiten: Blattläuse, Thripse, Weiße Fliege, Spinnmilben, Keimlingskrankheiten, Grauschimmel
Sorten: hochwachsend – 'Harzfeuer' (rot), 'Goldene Königin' (gelb); Buschtomaten – 'Balkonstar', 'Patio'; Kirsch- oder Cocktailtomaten – 'Evita', 'Sweet Cherry'; für Ampeln eignen sich 'Balkonstar', 'Red Robin', 'Minibel'.

Feuerbohne
(Phaseolus coccineus)

Die attraktive Kletterpflanze bringt rauschalige Hülsen hervor. Sie ist widerstandsfähiger als Stangen- und Buschbohnen. Da sie sehr schnell wächst und schöne Blüten trägt, ist sie auch eine Zierpflanze, die guten Sichtschutz bietet.
Höhe: bis zu 4 m
Standort: sonnig, windgeschützt

Die Feuerbohne wird auch häufig als Zierpflanze verwendet.

Kultur: Vorkultur Ende April im Haus (Substrat bis zur Keimung gut feucht halten); nach den Eisheiligen auspflanzen; Aussaat direkt ins Freie von Mitte Mai bis Juni.
Pflege: Pflanzen aufleiten, besonders an heißen Tagen gut wässern, damit die Blüten nicht abfallen; keine Staunässe; mäßig düngen
Ernte und Verwendung: Juli/August jung oder die Samen im Herbst als Trockenbohnen; Bohnen dürfen nicht roh verzehrt werden, denn sie enthalten Phasin, das in großen Mengen giftig ist, aber beim Kochen zerstört wird
Schädlinge und Krankheiten: Schwarze Bohnenlaus, Bohnenfliege, Spinnmilben
Sorten: rotblühend – 'Butler' (fadenlos), 'Preisgewinner' (mit Fäden); weißblühend – 'Désirée' (fadenlos), 'Mergoles' (fadenlos)

Radieschen
(Raphanus sativus var. sativus)

Die einjährig kultivierten Radieschen haben eine sehr kurze Entwicklungszeit. Die unterirdischen Knollen sind rund, oval oder länglich und können rot, weiß oder halb rot und halb weiß sein. Sie enthalten Senföle, sowie Vitamine und Mineralstoffe.

Höhe: 10–15 cm
Standort: sonnig
Kultur: Aussaat je nach Sorte ab Februar im Haus, ab Ende März direkt ins Freie, alle 3 Wochen Folgesaaten; auf 6–8 cm ausdünnen
Pflege: gleichmäßig feucht halten, Düngung nicht nötig
Ernte und Verwendung: etwa 4–6 Wochen nach Aussaat von Mai bis August; frisch für Salate oder Suppen
Krankheiten und Schädlinge: Blattläuse, Kohlfliege, Falscher Mehltau
Sorten: frühe Sorten – 'Boy', 'Cyros', 'French Breakfast'; Sommersorten – 'Carnita', 'Champion', 'Prinz Rotin'

Aubergine
(Solanum melongena)

Die einjährige Aubergine lässt sich bei uns nur unter sehr günstigen Klimaver-

Das Gemüse mit den dunkelvioletten Früchten ist extrem frostempfindlich.

hältnissen im Freien kultivieren.
Höhe: 50–100 cm
Standort: vollsonnig, warm, wind- und regengeschützt
Kultur: Aussaat von Ende Februar bis Mitte März bei 22–25 °C im Haus, einzeln in 10-cm-Töpfe pikieren; ab Ende Mai in 3- bis 5-Litergefäßen ins Freie stellen
Pflege: bei starkem Wuchs stützen; Substrat feucht halten, alle 2–3 Wochen düngen
Ernte und Verwendung: frühestens ab Juli, wenn die Früchte dunkel gefärbt sind und schön glänzen; gebraten, gebacken, gegrillt oder gefüllt verzehren
Krankheiten und Schädlinge: Weiße Fliege, Spinnmilben, Blattläuse, Blatt- und Fruchtflecken
Sorten: 'Baren' (virusresistent), 'Adona' (birnenförmig), 'Galine' (rundlich oval)

Spinat
(Spinacia oleracea)

Das einjährige Blattgemüse mit dunkelgrünen Blättern an dünnen Stielen kann als Frühjahrs-, Herbst- und Wintergemüse angebaut werden. Spinat enthält viel Eisen, Kalium und Calcium sowie Vitamin B und C.
Standort: sonnig bis halbschattig
Kultur: Aussaat ins Freie von

Gemüse für Balkon und Terrasse im Überblick

Gemüse	Höhe in cm	Standort	Aussaat/Pflanzung, Ernte	Bemerkungen
Arti-schocke	100–150	sonnig, warm, geschützt	März/Mitte Mai, August bis Oktober	ausgefallen; mehrjährig blaue Blüten; Ernte vor der Blüte; frostfrei überwintern
Aubergine	100–120	vollsonnig, warm, ge-schützt	Mitte März/Ende Mai, Juli bis September	einjährig; sehr dekorative Gemüsepflanze
Busch-bohne	40–60	sonnig bis halb-schattig	Anfang/Mitte Mai, Juli bis September	Sorten mit grünen, gelben, blauen Hülsen
Erbse	80–100	sonnig und luftig	Ende März/Ende Mai, Juni bis Juli	Sorten mit grünen und blauen Hülsen
Erdbeer-spinat	25–30	sonnig bis halb-schattig	März/April Juni bis August	ausgefallen; attraktive, ess-bare Früchte; Blätter wie Spinat zubereiten
Feuer-bohne	bis 400	sonnig, wind-geschützt	April, Mai, Juli bis September	Rankpflanze mit hübschen Blüten, auch als Sichtschutz
Gurke	50–200	sonnig, wind-geschützt	Anfang/Ende Mai, Juli bis August	bitterstofffreie Sorten wählen
Kohlrabi	30–40	sonnig bis halb-schattig	ab Februar/ab April, ab Mai/Juni	bis August; Sorten mit wei-ßen und blauen Knollen
Mangold	60–80	sonnig bis halb-schattig, warm	Mitte April/Mitte Mai, Juli bis September	Schossgefahr bei kühlen Temperaturen; Sorten mit roten und weißen Stielen
Paprika	bis 80	warm, sonnig, geschützt	April/Mitte Mai, Juli bis September	versch. Formen und Farben; scharfe und milde Sorten
Pflück-salat	20–30	sonnig bis halb-schattig	ab Februar/ab April, ab Mai	Saatfolge bis Herbst; ver-schiedene Sorten
Radies-chen	10–20	sonnig	Februar/März, Mai bis August	Folgesaaten bis Oktober; Sor-ten mit roten und rot-weißen Knollen
Spinat	10–20	sonnig bis halb-schattig	ab März, Mai bis Oktober	Folgesaaten; frühe und späte Sorten
Tomate	25–150	vollsonnig, warm, windge-schützt	Mitte März/Mitte Mai, Ende Juli bis Oktober	zahlreiche Fruchtformen und -farben
Zucchini	50–60	vollsonnig bis halbschattig	April/Ende Mai, Juli bis September	Sorten mit grünen, gelben und weißen Früchten
Zwiebel	30–60	sonnig	ab Februar/Ende Mai, ab Juli/August	für Topfkultur geeignet: Haushalts- und Lauch-zwiebeln

Spalierobst lässt sich in jeder Form ziehen und nimmt wenig Platz in Anspruch.

März bis Mai und August bis September; fortlaufend Folgesaaten

Pflege: regelmäßig gießen und düngen; Staunässe vermeiden

Ernte und Verwendung: entweder einzelne äußere Blätter oder die ganze Pflanze abschneiden; nach der Blütenbildung sollte Spinat nicht mehr geerntet werden, weil er dann viel Nitrat gespeichert hat und bitter schmeckt; als Gemüse gedünstet oder roh als Salat verwenden; lässt sich gut einfrieren

Schädlinge und Krankheiten: Rübenfliege, Blattläuse, Falscher Mehltau

Sorten: früh bis mittelfrüh – 'Butterfly', 'Vital', Frühsommer und Herbst – 'Medania', 'Pavana'; alle Sorten sind mehltauresistent

Süße Früchte aus dem Topfgarten

Besonders Beerenobst lässt sich ohne weiteres als Kübelpflanzen kultivieren, braucht aber etwas mehr Fürsorge und Pflege als die Beeren im Garten. Bei Johannisbeeren und Stachelbeeren empfehlen sich vor allem die eleganten Hochstämmchen für die Topfkultur, denn sie werden als Strauch oft zu breit. Him-

beeren können als Strauch gezogen werden und sogar als Sichtschutz dienen. Weinrebe und Kiwi, die Hauswand oder Balkon beranken, sehen besonders dekorativ aus. Erdbeeren sind die idealen süßen Früchte für Balkon und Terrasse. Es gibt eine Vielzahl von Möglichkeiten, die verführerischen Köstlichkeiten zu kultivieren: in Ampeln, im Erdbeerfass, im Tontopf.

Obst für kleinsten Raum

Baumobstarten wie Apfel, Birne, Pflaume oder Pfirsich sind etwas empfindlicher als Beerenpflanzen, brauchen sehr viel Sonne und eine geschützte Lage. Ihre Kultur erfordert viel Hingabe und Geduld. Aber wenn im Frühjahr

die Blüten erscheinen und im Spätsommer die süßen Früchte heranreifen, wird die ganze Mühe belohnt. Achten Sie unbedingt darauf, dass die Edelsorte auf eine extrem schwachwüchsige Unterlage aufveredelt ist. Für Kübel sollten Sie immer kleinwüchsige Formen und geeignete Sorten wählen, etwa die Apfelsorten 'Discovery' oder 'Idared'. Der Handel bietet auch Zwergnektarinen und Zwergpfirsiche. Eigens für beengte Platzverhältnisse wie bei der Topfkultur werden vor allem von Apfelbäumen speziell gezogene „Ballerina"-Formen angeboten, so genannte Superspindeln oder Schnurbäumchen, die fälschlicherweise auch als Spuräpfel bezeichnet werden. Sie bestehen nur aus einer niedrig gehaltenen Stammverlängerung, die ausschließlich mit kurzen Seitenzweigen besetzt ist.

Obst am Spalier

Eine weitere Möglichkeit, Obstbäume auf Balkon oder Terrasse zu kultivieren bieten die Spalierformen. Dazu muss an einer geeigneten Hauswand (idealerweise Süd- oder Südwestlage) ein Gerüst aus Draht oder Holzlatten angebracht werden, an dem man die Hauptäste befestigt. Äpfel, Birnen, Pflaumen und Pfirsiche eignen sich sehr gut dafür. Sie gedeihen im Schutz der Mauer besser und benötigen sehr wenig Platz. Allerdings brauchen Spaliere in der Anfangszeit viel Pflege. Die Triebe müssen sehr sorgfältig befestigt und geschnitten werden. Nach außen oder innen wachsende Zweige muss man regelmäßig entfernen. Das Ziel aller Schnittmaßnahmen ist, die Triebe so zu formen, dass sie gleichmäßig verteilt sind und möglichst viel Licht bekommen. Steht das Sprossgerüst jedoch erst einmal, lässt der Pflegebedarf nach und die Mühe wird mit guter Ernte über viele Jahre hinweg belohnt. Man unterscheidet formlose Spaliere, bei denen die Äste befestigt werden, ohne eine bestimmte Form anzustreben, und streng symmetrische Spaliere, zum Beispiel ein U-förmiges Spalier, das ausschließlich aus zwei Leitästen, die zunächst waagerecht auseinander und dann senkrecht nach oben geleitet werden. Sehr einfach zu ziehen ist das Fächerspalier. Zu beiden Seiten des senkrechten Mitteltriebs strecken sich zwei Leitäste wie die Schenkel eines V schräg nach oben. Auch die nächsten Verzweigungen dieser Äste werden so aufgeleitet, dass sie wie die Rippen eines Fächers angeordnet sind.

Schnurbäume

Ein Kordon oder Schnurbaum besteht nur aus einer mit kurzen Seitenzweigen besetzten Hauptachse. Senkrecht, schräg oder waagerecht gezogen ist dies eine Spalierform mit geringstem Platzbedarf und erlaubt auch an begrenzter Wandfläche die Kultur von mehreren Obstarten und -sorten. Wenn Sie Obst in Kübeln kultivieren wollen, erkundigen Sie sich, ob die von Ihnen ausgewählten Arten ein- oder zweihäusig sind. Einhäusige Pflanzen sind selbstfruchtbar, bei zweihäusigen brauchen Sie zwei oder mehr Sorten, um einen Fruchtansatz zu garantieren. Die beste Zeit Obstgehölze zu pflanzen ist der Herbst. Die heimischen Obstarten können den Winter geschützt im Freien verbringen. Wollen Sie jedoch Zitrusbäumchen in Kübeln kultivieren, sollten Sie unbedingt für ein geeignetes Winterquartier sorgen. Im Folgenden wird eine Auswahl von Obstarten vorgestellt, die sich ohne weiteres in Kübeln kultivieren lassen.

Kiwi
(Actinidia deliciosa)

Diese ursprünglich aus China stammende Pflanze lässt sich auch bei uns problemlos kultivieren, wenn sie einen geschützten Standort bekommt. Sie ist eigentlich zweihäusig, also sind ein männliches und weibliches Exemplar sind nötig, um Früchte zu erhalten. Inzwischen gibt es auch einhäusige Sorten. Die je nach Sorte elliptisch bis ovalen, braun behaarten Früchte zählen eigentlich zu den Beeren. Das Fruchtfleisch ist intensiv grün gefärbt. Kiwis haben einen sehr hohen Vitamin-C-Gehalt.
Höhe: bis 3 m, kletternd
Blüte: reinweiße weibliche, cremefarbene männliche

Die exotische Kiwifrucht gedeiht auch im Topf ganz prächtig.

Die Erdbeere ist das ideale Obst für Topfkultur.

Blüten mit vielen Staubgefäßen, Mai/Juni
Standort: warm, sonnig, windgeschützt
Substrat: nährstoffreich, etwas sauer (pH-Wert 4,5–5,5)
Pflege: Triebe an einer stabilen Kletterhilfe festbinden; regelmäßig und gründlich gießen; im Frühjahr Langzeitdünger verabreichen, im Juni und Anfang August nachdüngen; im Freien geschützt überwintern
Schnitt: im Sommer laufend die Frucht tragenden Seitentriebe so weit einkürzen, dass über dem Fruchtansatz noch etwa 6 Blätter verbleiben; im 5. Standjahr im Winter alle Triebe, die älter als 3 Jahre sind, abschneiden, denn Kiwis tragen vorwiegend am zweijährigen Holz.
Ernte und Verwendung: Oktober bis November; roh verzehren, auch zum Einkochen, für Marmelade und Kompott sowie als Kuchenbelag; da die Früchte Enzyme enthalten, die Sahne, Joghurt und Quark bitter machen, sollte man rohe Kiwis nicht mit diesen Produkten zusammen verwenden; blanchiert man sie kurz, werden die Enzyme unwirksam
Schädlinge und Krankheiten: selten Blatt- oder Schildläuse, Fruchtfäule durch Grauschimmel

Sorten: 'Hayward' (zweihäusig), 'Weiki' (zweihäusig, besonders winterhart), 'Jenny', 'Oriental Deligt' (beide einhäusig)

Erdbeere
(Fragaria)

Die niedrigen, krautigen Pflanzen sind mehrjährig. Ihre Blätter wachsen aus dem Herz heraus. Außer bei den Monatserdbeeren erscheinen oberirdische Ausläufer, auf denen mehrere Jungpflanzen sitzen, die zur Vermehrung dienen. Die roten, süßen Früchte enthalten viel Vitamin C und Mineralstoffe. Botanisch sind Erdbeeren keine Beeren, sondern eine Sammelnussfrucht. Die Erdbeerpflanzen tragen je nach Sorte 2 bis 3 Jahre und müssen dann durch neue ersetzt werden.
Höhe: 30 cm
Blüte: weiße Blüten, ab April
Standort: sonnig
Substrat: keine besonderen Ansprüche

Pflege: regelmäßig gießen; während der Blüte nicht düngen, bis September alle 8 Wochen düngen; bevor die Erdbeeren reif werden, eine Schicht Stroh auf das Substrat geben, damit sie nicht verschmutzen und faulen; im Herbst und Frühjahr welke Blätter entfernen; im Freien mit Schutz überwintern
Schnitt: nach der Ernte Laub zurückschneiden
Ernte und Verwendung: je nach Sorte Juni bis September/Oktober; zum Rohverzehr, für Marmelade und Kuchen, festfleischige Sorten zum Einfrieren geeignet
Schädlinge und Krankheiten: Spinnmilben, Blattläuse, Grauschimmel, Wurzelfäule
Sorten: großfrüchtige Erdbeeren – 'Regina', 'Elvira', 'Hummi Grande' (früh), 'Hummi Ferma', 'Senga Gigana' (mittelfrüh), 'Senga Sengana', 'Red Gauntlet' (spät); Monatserdbeeren – 'Rimona Hummi' (groß), 'Rügen', 'Baron' 'Solemacher' (klein)

Apfel
(Malus domestica)

Um eine Befruchtung sicherzustellen, sind in der Regel ein bis zwei verschiedene Sorten nötig. Beim Kauf der Pflanzen sollten Sie sich erkundigen, ob ein geeigneter

Pollenspender zur Verfügung steht. Die verdickte Veredelungsstelle muss beim Pflanzen über der Erdoberfläche bleiben. Form und Färbung der Früchte sind für jede Apfelsorte typisch. Auch die Inhaltsstoffe variieren von Sorte zu Sorte und geben der Frucht den sortentypischen Geschmack. Äpfel sind reich an Mineralstoffen und Spurenelementen sowie Ballaststoffen. Sie eignen sich für die Kübelkultur als Bäumchen, Superspindel und Spalierform.

Höhe: 1–2 m, je nach Sorte
Blüte: weißrosa Blüten, Ende April bis Mitte Mai
Standort: offen, sonnig
Substrat: fruchtbar, keine Staunässe

Alle Apfelsorten (hier 'Gala Royal') auf einer schwachwüchsigen Unterlage können im Kübel kultiviert werden.

Pflege: gleichmäßig feucht halten, im Frühjahr Langzeitdünger geben, im Juni eventuell nachdüngen; im Freien geschützt überwintern; alle paar Jahre umtopfen
Schnitt: Bäumchen regelmäßig schneiden, damit die kleine Krone licht und luftig bleibt; bei Bedarf im Sommer die Konkurrenztriebe entfernen; jährlicher Erhaltungschnitt erforderlich
Ernte und Verwendung: August bis Oktober; als Frischobst, Saft, Mus, für Kuchen; sehr gut lagerfähig
Schädlinge und Krankheiten: Maden des Apfelwicklers, Larven der Apfelsägewespe, Blattläuse, Blutläuse, Grauschimmel, Echter Mehltau, Fruchtfäule, selten Feuerbrand
Sorten: Schnurbäumchen – 'Bolero', 'Polka'; sonst fast alle Sorten auf schwachwüchsigen Unterlagen

Pfirsich, Nektarine
(Prunus persica)

Pfirsiche und Nektarinen sind sehr frostempfindliche Obstorten und bedürfen deshalb in unseren Breiten eines besonderen Schutzes. Die meisten Sorten sind selbstfruchtbar, daher genügt für Ihren Balkon in der Regel ein Exemplar. Ein Pollenspender kann aber gerade bei ungünstigen Witterungsverhältnissen die Befruchtungsrate erhöhen. Die Früchte sind reich an Vitamin C, Mineral- und Ballaststoffen. Pfirsich und Nektarine sind als Zwergformen speziell für die Kübelkultur erhältlich.

Höhe: bis 2 m
Blüte: intensiv rosafarbene Blüten, April
Standort: sonnig, geschützt, am besten an einer Südwand
Substrat: nährstoffreich, durchlässig, Staunässe vermeiden
Pflege: wegen Frostempfindlichkeit immer im Frühjahr pflanzen; regelmäßig, bei Trockenheit ausgiebig wässern (sonst verfrühter Fruchtfall); kurz nach der Blüte einen mäßig stickstoffreichen Dünger ausbringen; im Freien sehr gut geschützt überwintern, am besten in ein frostfreies Winterquartier umziehen
Schnitt: während des Kronenaufbaus Leittriebe stark zurückschneiden, damit sich ein kräftiges Sprossgerüst entwickeln kann; bei älteren Bäumchen gleich nach der Ernte einen Auslichtungsschnitt durchführen (abgetragene vorjährige Fruchttriebe ganz entfernen, zu eng stehende Zweige ausdünnen); im Frühjahr wird beim Pfirsich der Fruchtholz-

Rote Johannisbeeren in Strauchform sehen dekorativ aus und sind guter Sichtschutz.

schnitt durchgeführt, da nur die wahren Fruchttriebe mit dicken, rundlichen Blüten- und schlanken, spitzen Blattknospen im selben Jahr reichlich tragen (sie werden auf 6–8 Augen, alle anderen Triebe mit ausschließlich Blattknospen auf 2 Augen zurückgeschnitten)

Ernte und Verwendung: August/September; am besten für Frischverzehr, auch für Marmeladen oder als Kuchenbelag; können gut eingefroren werden

Schädlinge und Krankheiten: Schild- und Blattläuse, Raupen des Apfelwicklers, Scharkakrankheit, häufig Kräuselkrankheit

Sorten: Pfirsich – 'Bonanza', 'Garden Lady' (beide Zwergformen), Nektarine – 'Nectarella' (Zwergform)

Tipp: Sollten im Frühjahr wenige Insekten fliegen, können Sie die Bäumchen mit einem Pinsel von Hand bestäuben.

Birne
(Pyrus communis)

Birnen sind neben Äpfeln die wichtigste Obstart der mitteleuropäischen Breiten. Hinsichtlich der Kultur sind sich beide Kernobstarten sehr ähnlich. Auch die Birnen sind für einen reichen Fruchtansatz auf eine oder mehrere Sorten als geeignete Pollenspender angewiesen, die man beim Kauf erfahren kann. In Form, Farbe und Geschmack unterscheiden sich die Früchte der einzelnen Sorten, aber alle enthalten viele Vitamine und Mineralstoffe. Birne eignet sich für die Kübelkultur als Bäumchen, Superspindel und Spalierform. Beim Pflanzen muss die Veredelungsstelle über der Erdoberfläche bleiben.

Höhe: 1,5–2 m

Blüte: weiß, mit leuchtend roten Staubgefäßen; Anfang April bis Ende Mai

Standort: sonnig, geschützt

Substrat: warm, nährstoffreich, nicht zu kalkhaltig

Pflege: regelmäßig gießen, im Frühjahr Langzeitdünger verabreichen, im Juni eventuell nachdüngen, gelegentlich einen sauer wirkenden Dünger verwenden

Schnitt: Erziehungsschnitt, danach jährlich ein Erhaltungsschnitt; im Freien mit Schutz überwintern

Ernte und Verwendung: Ende August bis Oktober; als Frischobst, für Kompott und Mus; kaum lagerfähig

Schädlinge und Krankheiten: Wicklerraupen („Obstmaden"), Schildläuse, Spinnmilben, Fruchtfäule, Birnengitterrost, Echter Mehltau, Feuerbrand, Viruserkrankungen

Sorten: 'Gute Luise', 'Vereinsdechant', 'Conferance', 'Williams Christ' (alle gute Pollenspender)

Johannisbeere
(Ribes)

Weiße und rote Sorten der Johannisbeere verjüngen sich aus dem Wurzelstock, während sich schwarze Sorten vor allem durch Neutriebe aus dem unteren Teil der alten Äste erneuern. Johannisbeeren sind Flachwurzler. Rote und weiße Sorten sind selbstfruchtbar, bei Schwarzen Johannisbeeren gibt es auch selbstunfruchtbare, die für einen Fruchtansatz eine zweite Sorte als Pollenspender benötigen. Die Früchte sind reich an Vitamin C und enthalten Säuren und Pektin. Für Balkon und Terrasse empfehlen

sich eher Hochstämmchen.
Höhe: Sträucher bis 2 m,
Hochstämmchen 1–1,5 m
Blüte: kleine grüne Blüten in
Trauben; ab Anfang März
Standort: sonnig, windgeschützt
Substrat: nährstoffreich,
leicht sauer
Pflege: am besten im Herbst
pflanzen; regelmäßig
gießen; im ersten Jahr kaum
düngen, da das Substrat
langwirkende Nährstoffe
enthält, später jährlich vor
dem Austrieb Kompost (falls
vorhanden) oder Volldünger
verabreichen, dann alle
4–8 Wochen organischen
Dünger
Schnitt: die Krone von Hochstämmchen sollte nie mehr
als 8 gut verteilte Triebe
haben, die nach der Ernte
auf 6 Knospen eingekürzt
werden, Seitentriebe auf
4 Augen abschneiden;
Früchte bilden sich bei
weißen und roten Sorten am
zwei- bis dreijährigen Holz,
bei schwarzen am einjährigen Holz
Ernte und Verwendung: je
nach Sorte Juni bis August;
Rote und Weiße zum Rohverzehr, für Marmelade, Kom-
pott, Gelee, Saft, Likör und als
Kuchenbelag
**Schädlinge und Krankhei-
ten:** selten befallen; Johan-
nisbeergallmilben, Spinn-
milben, Schildläuse, Blatt-

fallkrankheit; gegen Knos-
penfraß durch Vögel eng-
maschiges Netz spannen
Sorten: 'Red Lake' (rot, früh),
'Jonkher van Tets' (rot, mittelfrüh), 'Rote Spätlese' (rot,
spät), 'Weiße Versailler' (weiß,
mittelfrüh), 'Strata' (schwarz,
früh), 'Silvergieters Schwarze'
(mittelfrüh), 'Daniels September' (schwarz, spät)

Weinrebe
(Vitis vinifera)

Die Schlingpflanze mit fase-
rigem, zähen Holz trägt hell-
grüne, gelappte Blätter, die
sich je nach Sorte im Herbst
sehr schön verfärben. Sie ist
selbstbefruchtend. Es gibt
Sorten mit blauen und mit
„weißen" (eigentlich grün-
lichgelben) Früchten, die alle
sehr viel Zucker und Kalium
enthalten. Sie eignen sich an
Balkon und Terrasse zum Beranken einer geschützten
Wand, einer Pergola oder
wachsen auch einfach im
Kübel; hier werden sie jedoch
nicht sehr alt.
Höhe: Haupttriebe bis 10 m
Blüte: kleine grüne Blüten in
Rispen; Mai/Juni
Standort: sehr sonnig, vor
Feuchtigkeit geschützt
Substrat: nährstoffreich,
kalkhaltig; extreme Trockenheit und Staunässe vermeiden; Kübel muss mindestens
100 l fassen

Pflege: im Frühjahr pflanzen,
wobei die Veredelungsstelle
knapp über der Oberfläche
liegt, dann etwa 5 cm hoch
Erde anhäufeln, nach dem
Austreiben wieder abhäu-
feln; regelmäßig gießen; im
Herbst etwas organischen
Dünger ausbringen; ab dem
zweiten Jahr regelmäßig
Geiztriebe entfernen;
Triebe am Klettergerüst
aufleiten
Schnitt: nach dem Pflanzen
unbelaubte Triebe auf je-
weils 2 Augen zurückschneiden, im folgenden Jahr die
Rebe auf etwa 50 cm kürzen,
von den neuen Trieben, die
dann erscheinen, belässt
man höchstens 3–4 (Trauben
wachsen nur aus zweijähri-
gem Holz);. Fruchttriebe im
März zurückschneiden;
größere Schnitte immer im
Winter durchführen, wenn
die Pflanze keinen Saft führt
Ernte und Verwendung: Sep-
tember/Oktober; vor allem
als Frischobst, auch für Saft,
Most oder als Kuchenbelag;
getrocknet als Rosinen
**Schädlinge und Krankhei-
ten:** Spinnmilben, häufiger
Pilzerkrankungen wie Echter
und Falscher Mehltau, Grauschimmel
Sorten: Blaue – 'Blauer Burg-
under', 'Blauer Portugiser',
'Roter Gutedel'; Weiße –
'Weißer Gutedel', 'Muskat
Gutedel'

Obst für Balkon und Terrasse im Überblick

Obst	Höhe in cm	Standort	Ernte	Bemerkungen
Apfel	100–200	offen, sonnig	August bis Oktober	am besten als Spindelbaum, verschiedene Spalierformen
Aprikose	bis 200	sonnig, sehr warm, windgeschützt	Juli bis August	am besten in Spalierform
Birne	150–200	sonnig, geschützt	August bis Oktober	am besten als Spindelbaum, verschiedene Spalierformen
Erdbeere	30	sonnig	Juni bis Oktober	für Ampel, Kasten und Topf geeignet
Heidelbeere	bis 150	vollsonnig	Juni bis Ende September	Sorte 'Tophat' speziell für Topfkultur
Himbeere	150–250	sonnig bis hell schattig	ab Juli bis Herbst	als Sträucher im Kübel
Johannisbeere	100–150	sonnig, windgeschützt	Juni bis August	Hochstämmchen; mindestens 50-l-Kübel
Jostabeere	bis 200	sonnig	ab Juli	Kreuzung aus Schwarzer Johannisbeere und Stachelbeere; Hochstämmchen
Kapstachelbeere	bis 200	vollsonnig, trocken, warm, windgeschützt	August bis Oktober	exotisch; orangegelbe Früchte in lampionartigen Hüllen; Rankhilfe geben
Kiwi	bis 300	warm, sonnig, windgeschützt	Oktober bis November	exotisch; für Wandspalier oder Pergola
Pfirsich	bis 200	sonnig, geschützt	August/September	Zwergsorten und Spalierform
Pflaume	150–250	mäßig warm, windgeschützt	August bis Oktober	schwachwüchsige Sorten, Spalierformen
Sauerkirsche	bis 200	geschützt, warm	Juni bis Juli	Spindelbüsche und Spalierformen
Stachelbeere	bis 150	sonnig, leicht beschattet	ab Mitte Juni	Hochstämmchen; mindestens 50-l-Kübel
Weinrebe	bis 10 m	sehr sonnig, trocken	September bis Oktober	für Wandspalier oder Pergola
Zuckermelone	150	vollsonnig, warm, windgeschützt	August bis Oktober	Haupttrieb nach 1,5 m stutzen; vollreife Früchte haben weichen Boden

Bezugsquellen

Nützlinge

Institut für Gemüsebau der FH
Weihenstephan
85354 Freising

PK-Nützlingszuchten
73642 Welzheim

Flora
B. Schäfer
15518 Hangelsberg

Obstgehölze für Kübel

Niederadener Baumschulen
A. Giesebrecht
Im Dorf 23, 44532 Lünen
Tel.: 02306/40515
www.giesebrecht.com
(heimische und exotische
Arten)

Ibero-Import
Bahnhofstraße 12
37249 Neu-Eichenberg
Tel.: 05542/1845
e-mail: ibero-import@t-on-
line.de

Peter Klock
Stutsmoor 42, 22607 Hamburg
Tel.: 040/8991698
(heimische Arten)

Garten-Quelle
90750 Fürth
Tel.: 0180/53100

Samen

Monika und Peter Klock
Postfach 520604
22596 Hamburg
Tel.: 040/8991698

Samenversand Gassmann
Im Saal 13, 21423 Winsen/Luhe
Tel.: 04171/73453

Pilzbrut und Fertigkulturen

Gärtner Pötschke
Beuthner Str. 4, 41561 Kaarst
Tel.: 02131/793333

Hawlik Euro-Pilzbrut
82062 Großdingharting
Tel.: 08170/651

Erdinger Pilzsubstrat
Champignonkulturen
Rotkreuzstr. 19, 85435 Erding
Tel.: 08122/99090

GAMU, Dr. Jan Lelley
Hüttenallee 237c
47800 Krefeld
Tel.: 02151/58940

Literatur

P. Himmelhuber, Äpfel, Beeren... in Töpfen und Kübeln
Gräfe und Unzer, München

P. Klock, Kleine Obstgehölze
in Töpfen und Kübeln
Falken, Niedernhausen

H. Rau, Küchenkräuter auf
Balkon und Terrasse
Gräfe und Unzer, München

B. und S. Stein, Der große
ADAC-Ratgeber Garten
ADAC-Verlag, München

W. Funke, Der Obstgehölz-
schnitt, BLV, München

H. Bischof, Schnitt und Verede-
lung von Obstgehölzen
Franckh Kosmos, Stuttgart

R. Berling, Nützlinge und
Schädlinge im Garten
BLV, München

M. Fortmann, Das große Kos-
mosbuch der Nützlinge
Franckh Kosmos, Stuttgart

Impressum

Die Deutsche Bibliothek –
CIP-Einheitsaufnahme

Ein Titelsatz für diese Publi-
kation ist bei der Deutschen
Bibliothek erhältlich.

Dieses Buch folgt den Regeln
der neuen deutschen Recht-
schreibung.

Augustus Verlag München
2001
© Weltbild Ratgeber Verlage
GmbH & Co. KG
Alle Rechte vorbehalten
Umschlaggestaltung: Vera
Faßbender, Augsburg
Illustration: Lena Kristensen,
Ingolstadt
Layout und Satz: Gesetzt aus
der The Mix 9/12 Punkt von
Uhl & Massopust, Aalen
Reproduktion: Uhl & Masso-
pust, Aalen
Umschlagfotos: Reinhard
(vorne groß und hinten),
PhotoPress (vorne klein)
Druck und Bindung: Offizin
Andersen Nexö, Leipzig
Gedruckt auf chlorfrei ge-
bleichtem Papier
Printed in Germany

ISBN 3-8043-7204-X

Register

Bildnachweis:

P. Himmelhuber:
Seite 37;
H. E. Laux: Seite 16, 45,
hintere Umschlagin-
nenseite unten;
PhotoPress/Rogler:
Seite 35, /Rutel Seite 51
u., /Apel Seite 2, 57;
W. Redeleit: Seite 3, 7, 9,
10, 11, 24, 46 o., 50, 53 o.
und u., vordere Um-
schlaginnenseite, hin-
tere Umschlaginnen-
seite oben;
Reinhard Bildarchiv:
Seite 1, 4, 5, 6, 8, 13, 18,
20, 27, 29, 36, 44, 46 u.,
51 o., 52, 54, 58, 59, 60;
Sauer: Seite 39